心理抚养

写给父母的积极心理学

尹丽华　编著

中国商业出版社

图书在版编目（CIP）数据

心理抚养：写给父母的积极心理学 / 尹丽华编著
. -- 北京：中国商业出版社，2023.1
ISBN 978-7-5208-2285-5

Ⅰ．①心… Ⅱ．①尹… Ⅲ．①儿童心理学 — 教育心理学 Ⅳ．① G44

中国版本图书馆 CIP 数据核字 (2022) 第 206769 号

责任编辑：石胜利

策划编辑：王　彦

中国商业出版社出版发行

（www.zgsycb.com　100053　北京广安门内报国寺1号）

总编室：010 – 63180647　编辑室：010 – 63033100

发行部：010-83120835/8286

新华书店经销

金世嘉元（唐山）印务有限公司印刷

*

880毫米 × 1230毫米　32 开　6 印张　120千字

2023 年 1 月第 1 版　2023 年 1 月第 1 次印刷

定价：36.00 元

* * * *

（如有印装质量问题可更换）

前言
Preface

在抚养孩子的过程中，有些父母往往特别重视孩子是否吃饱穿暖、身高体重如何、是否健康活泼，把这些当成爱的全部，却疏于关注、了解孩子心理的健康，从而导致孩子在成长过程中产生了一些难以逆转的心理问题，特别是当孩子进入青春期后，这些心理问题会让孩子出现孤僻、焦虑、顶撞、不合群、学习困难等情况。

养育孩子实际上是一门“动心”的艺术，父母在面对孩子的成长问题时，应该从“心灵”入手，而非单纯地从“行为”入手。

孩子的内心世界跟成年人是大不相同的。鲁迅先生在《我们现在怎么做父亲》一书中曾经写道：“孩子的世界与成人截然不同，倘不先行理解，一味蛮做，便大碍于孩子的发达。”

教育孩子，很关键的一点就是要走进孩子的内心世界，知道他在想什么，对孩子施以正确的、有效的教育，这样才能培养出卓越不凡的孩子。

本书旨在帮助父母了解最基本的教育学、心理学知识，让父母掌握科学的教育方法、技巧，用心理学的规律去抚养孩子。

每个孩子都是珍贵的存在，每个孩子都可能成为天才，而每位家长都可能是培养天才的教育家。父母不能仅仅关注孩子智力的开发和身体的成长，更应该关注孩子心理上的微妙变化，通过陪伴、关爱，获得孩子的依恋感。

最后，衷心祝愿所有父母都能成为有智慧、懂教育的好父母，每一个孩子都能受到最好的教育，健康、快乐地成长。

2022 年 4 月

目录

contents

第一章 捕捉孩子敏感期：决定孩子一生的黄金时期

第二章 小行为大心理：发现孩子行为背后的真相

第三章 聪明且敏感的孩子：满足孩子的心理需求

第四章 心理抚慰：父母是最好的心灵导师

第一章

CHAPTER 1

捕捉孩子敏感期：
决定孩子一生的黄金时期

冲冲的成长日记：多样的敏感期行为

冲冲今年 6 岁了，从冲冲出生的那天起，妈妈就为他准备了一本成长日记，打算作为孩子 18 岁的“成人礼”。不过这本成长日记有个特别的地方，那就是上面记录了孩子的表现和妈妈的心情，妈妈还用另一种颜色的笔写下了孩子出现种种表现的原因。虽然带孩子是一件很辛苦的事，但是每当翻开这本成长日记，妈妈的脸上总会浮现出幸福的微笑。

我的宝宝好可爱！他来到这个世界已经 3 个月了，离开他一会儿我就觉得特别想念。我每天都会拿着玩具在他的眼前晃，而他的眼睛也会滴溜溜地跟着玩具转来转去。孩子的眼睛真的很纯净，黑白分明。不写了，我要去看宝宝了。

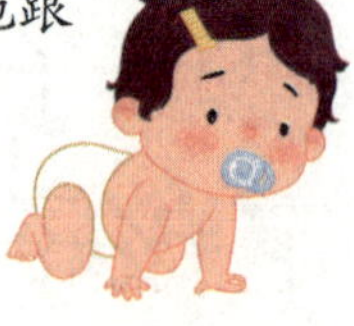

在孩子的所有感官中，最先发育的是视觉器官。视觉能力发展的关键时期是1岁之前的婴儿期。3个月大的时候，孩子的眼睛已经可以跟随物体运动，也能把视线固定在某一个物体上。此时，有色彩或者运动的物体都能吸引孩子，这些都能促进孩子视觉的发展。

冲冲到底喜欢谁呢？前两天我们和冲冲一起睡觉，他爸爸随手抓过我的枕头放在了头下，冲冲使劲儿推开了他爸爸，嘴里嘟囔着："妈妈的枕头，爸爸不用！"我当时心里那个开心啊，很骄傲地冲着老公挤眼睛！结果昨天冲冲就来了个一百八十度的大转变。我们去郊游，我拿过他爸爸的帽子戴上，没想到冲冲一下就把我头上的帽子摘了下来，给他爸爸戴上了。这下轮到老公冲我挤眼睛了。

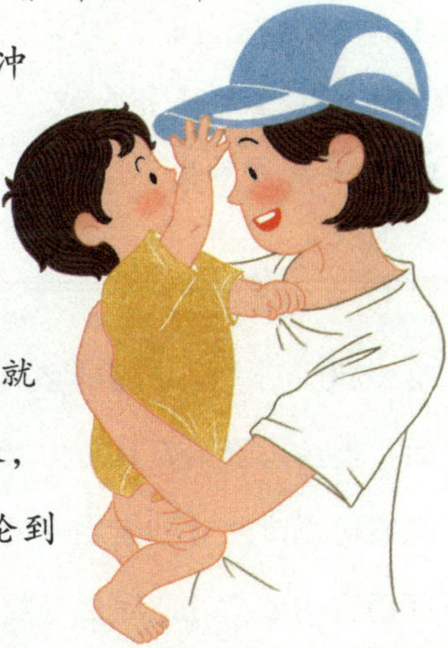

其实孩子以上的行为与孩子喜欢谁并没有多大关系，而是因为他正处在秩序敏感期，对物品所有者的秩序非常敏感。孩子需要一个有序的环境来帮助自己认识周围事物各个部分之间的关系，这样才能让孩子更适应环境，行动更具目的性，并且在建立秩序感之后找到自己最喜欢的生活方式。

冲冲今天变成了一个“坏孩子”。我去幼儿园接他的时候，他竟然对我说了一句：“坏妈妈，我踢你！”听到这句话，再看看孩子那认真的表情，我的心里别提多难受了！

这是孩子进入了语言敏感期。当孩子的语言能力进一步提升之后，他会发现语言具有力量，尤其是具有强烈感情色彩的词汇竟然可以产生让别人生气的力量！所以孩子骂人的时候是在验证语言的威力。此时最好的应对方式就是“淡定，不做出任何反应”。

冲冲学会走路以后，活动范围扩大了，喜欢的东西也越来越多了。今天我不小心把他房间里的一个小盒子打翻了，里面的东西都是冲冲的“宝贝”——碎纸片、小树叶、小纽扣、黄豆粒……看到自己的“宝贝”被打翻，他迅速冲了过来，把这些东西一个一个捡起来，然后小心翼翼地放进了小盒子里。这孩子，以后不会成为“破烂王”吧？不过也好，行行出状元嘛！

其实并不是孩子爱上了“收破烂”，而是他进入了对细微事物感兴趣的敏感期。在这个时期，孩子开始喜欢观察和收集琐碎的事物。如果这时候忽视了对孩子观察细微事物能力的培养，那么孩子长大以后就很可能会成为一个粗心的人。而如果对孩子的引导得当，那么孩子就可能会具备惊人的观察和探索能力。

冲冲妈妈的这本日记记录了孩子每一天的变化。而 6 岁前孩子的成长确实可以用“日新月异，突飞猛进”来形容。因为此时他们正处于一个接一个的敏感期内，在这些时期，孩子受到内在生命力的驱使，会在某个特定的时间段，专心吸收环境中某一个事物的特质，并且不断实践。

每通过一个敏感期，孩子的智力水平就会上升到一个新的层面。

心理抚养课堂

为什么说孩子的敏感期是教育的关键期？

这个时期是孩子特定能力和行为发展的最佳时期。处于敏感期内的孩子对外界的刺激有着敏锐的感觉，很容易吸收环境中的信息。

为什么小孩子有时会做出一些奇怪的行为？

孩子在敏感期的行为是多样的，并且富于变化，成人有时候会很难理解，这时候不妨放手给孩子一个宽松的环境，千万不要让他失去这一生只有一次的特殊生命力。

视觉敏感期：在光影中认识世界

雌性蝴蝶总是把卵产在安静又隐蔽的地方，但是刚出生的幼虫却总是爬到树顶去吃嫩叶。为什么会这样呢？难道幼虫一出生就知道长在树顶的嫩叶更好吃吗？生物学家做了一个实验：把树梢上的嫩叶采下来放到蝴蝶卵所在的地方，但是孵化后的幼虫仍然努力地向树顶爬去。

不久生物学家终于揭开了谜底：蝴蝶幼虫的行为完全是因为光的刺激。当幼虫出壳后，对光的敏感让它们马上就朝着最明亮的地方爬去。当幼虫对光的敏感消失之后，它们所吃的嫩叶就不限于树梢上的了。

其实这就是蝴蝶幼虫在视觉敏感期的表现。不仅仅是蝴蝶幼虫存在对光的敏感期，刚刚出生的婴儿也存在对光的敏感期，这是视觉敏感期的开始。

意意 1 个多月的时候，妈妈抱着他在楼下晒太阳。妈妈忽然发现他一动不动地盯着树上的叶子看，妈妈高兴地想："这么个小不点就对叶子这么感兴趣，将来没准能成个植物学家！"

第二天，妈妈又带着他来到楼下，发现他还是盯着叶子看。妈妈抱着他换了个位置，但是他马上到处寻找那些叶子，直到找到了才安静下来继续盯着叶子看。妈妈很奇怪，就顺着他的角度看过去，这才发现了他的秘密：原来他是在看阳光透过叶子投下的斑驳的光点。

出生后的第一个月，孩子大部分时间都是在睡眠中度过的，在这个时期，他们唯一的"爱好"就是睡觉，很少对其他事物产生兴趣。但是随着时间的推移，孩子睡觉时间明显减少了，经常会盯着一个地方看很长时间，当妈妈手里拿着玩具在他面前晃动的时候，他已经学会把注意力放在这个玩具上了。

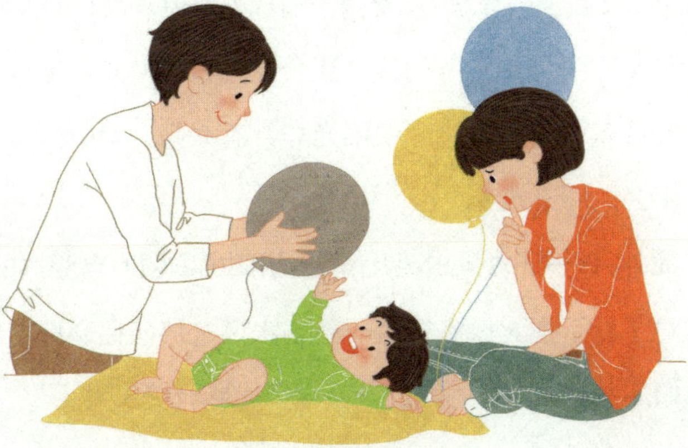

小文3个月了，爸爸妈妈已经开始对他进行视觉训练了。有一天，妈妈手里拿了几个五颜六色的气球，心想：“彩色的气球一定可以吸引孩子的注意力，锻炼他的视力。”可出人意料的是，当妈妈把彩色的气球拿到孩子跟前时，孩子并没有显示出任何开心的表情，甚至没看两眼就转头去看别的东西了。

而当爸爸把几个白底黑点的气球放在小文眼前时，小文的表现却让妈妈大吃一惊，小文看到这几个气球非常兴奋，伸手就去抓，抓到后就躺在小床上乐呵呵地玩了起来。

这是因为此时婴儿的视力发育尚不完善，他们的眼睛只可以看到模糊的、明暗相间的世界，所以很多时候色彩鲜艳的气球反而吸引不了孩子的注意力，对孩子的视力发展并没有太大的帮助。

如果父母仔细观察的话，还会发现孩子对从门缝中射进来的灯光或者从窗外照进来的阳光非常感兴趣，有时候甚至会伸出小手去抓那道光线。

此外，孩子还对黑白照片、黑白相间的衣服有着浓厚的兴趣。因此对于处于视觉敏感期内的孩子来说，那些色彩鲜艳的玩具远不如那些黑白对比强烈的东西或者光影有吸引力。

抓住时机激发孩子的视觉和认知能力

随着身体的发育，孩子慢慢可以看清周围的事物了，比较明显的是，开始能认出妈妈或者其他照顾他的人，并且会有选择地看周围的人。

随后，孩子不仅能看清周围的物体，而且能看到远处的事物，他们的视线范围在不断扩大。此时是父母锻炼孩子视力和认知能力的最佳时期。

为了发展孩子的视力，父母应该为孩子创造更丰富的视觉环境。一位妈妈分享了促进孩子视觉发展的经验：

我家孩子的婴儿床是可以调节角度的。孩子4个月的时候，我就经常为他的婴儿床变换不同的角度，这样，孩子就能看到周围环境中更多的事物。除此之外，我还在他的床里放了一些小玩具。里边有一个很特殊的洋娃娃，它的头很大，五官没有进行任何的艺术夸张和变形，我常用这个娃娃来教孩子认识人的五官。我会指着娃娃的鼻子说："宝宝，这是鼻子，宝宝和妈妈都有鼻子。看，这个是妈妈的鼻子。"然后我会指着孩子的鼻子说："这是宝宝的鼻子。"这个时候，孩子总会非常开心，"啊，啊"地回应我。

其实，对于 6 个月之前的孩子来说，一个五官分布合理的娃娃是一个必需品，因为当孩子的视觉能力得到发展之后，最先引起他兴趣的就是人的五官。

同时，当孩子开始对五官感兴趣的时候，镜子也是一个非常有用的道具。当孩子看到镜子后，他会凑上去看镜子里的自己，父母在镜子前教孩子找到五官，这不仅有利于孩子视觉的开发，而且能帮助孩子了解镜子里的人就是他自己，提高孩子的认知水平。

孩子稍大一些之后，父母可以让孩子去接触各种形状的东西，比如一些瓶瓶罐罐、餐具（如勺子、盘子）等。虽然他可能并不知道这些东西是用来做什么的，但是让孩子去接触这些东西，能提高他的视觉注意力。

教大宝宝认识世界的颜色

4 岁的莉莉对色彩产生了浓厚的兴趣。每当她进入幼儿园的教室时，她就会马上拿出自己的图画书，在上面认认真真地涂色。老师总是夸莉莉色彩搭配越来越协调，涂的颜色越来越好看。

莉莉在家时也不闲着，画画的时候，她能在书桌前坐上几个小时。就算妈妈喊她吃饭，她也会对妈妈说："妈妈，我想涂完这幅图再吃！"妈妈知道这是女儿在享受色彩敏感期，也就没多说什么，不一会儿，莉莉涂完了，把作品展示给妈妈看完之后才去洗手吃饭。

吃过午饭，莉莉又坐在书桌前继续涂涂画画……

孩子在 3~4 岁的时候就进入色彩敏感期。开始的时候，他们非常喜欢认识各种色彩。这时父母可以有意识地拿一些色彩鲜艳的东西来吸引孩子的注意力。可以给孩子买比较简单的 8 色或者 12 色的画笔，告诉孩子这些是什么颜色，同时在纸上画一下，这样可以加深孩子的认知，提升孩子认识色彩的兴趣。

当孩子再大一些的时候，他们就会进入触摸、感知色彩的敏感期，大多数孩子都会爱上涂色游戏。儿童心理专家指出，孩子涂色的过程也是为以后的书写打基础的过程，只有通过开始的乱涂乱画阶段，他们的书写才会有规律。父母可以给孩子准备油彩让他们去自由创作，当然也可以跟孩子一起投入涂色游戏当中，与孩子一起感受其中的乐趣。

不过，关于色彩的使用，父母或者老师的引导是非常重要的。如果没有大人的引导，孩子基本上不会使用色彩，有时候孩子画一张画只使用一种色彩。虽然父母应该提醒孩子使用色彩，但是需要注意的是，要引导孩子而不是强迫孩子。如果发现孩子只使用一种色彩，你可以用商量的口气提醒孩子是不是再加上一种色彩更漂亮，但是千万不要要求孩子按照你的想法去涂色，那样不仅会打击孩子认识色彩的积极性，而且会阻碍孩子创造性的发展。

同时，父母还要知道，孩子的发展具有不一致性，有的孩子色彩敏感期可能会提前到来，有的可能会延迟到来。所以父母不要看到孩子不喜欢认识色彩、不喜欢画画就强迫孩子去学习，而是要耐心等待孩子色彩敏感期的到来。

心理抚养课堂

孩子视觉敏感期最关键的时期是什么时候？

孩子视觉发展的敏感期开始于出生后几个月，持续到大约 6 岁，但最重要的时期是 8 个月到 3 岁。

听觉敏感期：给孩子精彩的有声世界

4个月大的宝宝又哭了，妈妈赶紧拿出刚买的小铃铛，在宝宝面前摇晃起来。这时候清脆的铃声响起，宝宝就像得到命令一样，立刻停止了哭泣，眼睛开始跟着妈妈手中的小铃铛四处乱转。

妈妈继续摇动铃铛，宝宝继续目不转睛地看，妈妈看宝宝这么认真，就对宝宝说："宝宝，这个是小铃铛，会响的小铃铛。"说完又摇了一下铃铛。这时，宝宝的小手开始伸出来，向着铃铛抓去。

由此我们可以看出，孩子其实是很喜欢有声音的环境的。很多父母为了给孩子一个安静的生活环境，说话总是细声细语，走路也总是悄悄的，其实这是完全没有必要的。让孩子生活在正常的环境中是最有利于孩子成长的。

孩子刚出生的时候，视觉与听觉是分开的，互不干涉，对外界环境的刺激不能做出一致的反应。但是在孩子 0~3 岁的时间段，既是视觉发育的敏感期，又是听觉发育的敏感期。所以在这个时期，爸爸妈妈应该有意识地给孩子提供一些刺激，让这种刺激既可以训练孩子的听觉，又可以训练孩子的视觉。

其实上面故事中妈妈的做法就很好，这样既可以同时训练孩子的听觉和视觉，又可以让这两种感觉协调发展，提高孩子反应的灵敏度。

要抓住孩子的听觉敏感期，妈妈可以试试以下几种小游戏。

运用有声音的玩具

妈妈手里可以拿着玩具，把玩具放在离孩子 25~30 厘米的位置，一边让玩具发出声音，一边缓缓地移动玩具。当孩子听到声音的时候，他们的视线也会跟着玩具一起移动。妈妈要注意的是，玩具移动的速度一定要慢；如果过快的话，孩子的视线跟不上，就会失去提高孩子反应灵敏度的效果。当孩子对一种声音失去兴趣的时候，妈妈可以换另外一种声音的玩具，或者休息一会儿再继续玩。

让孩子听听舒缓的音乐

不要以为孩子小就听不懂音乐，他们同样会被美妙动听、节奏流畅的音乐所吸引。所以妈妈可以选择一些经典的曲子来刺激孩子的听觉。但是要注意，音乐的声音不能过大，同时不要选择那些情感变化剧烈的曲子。

在孩子的耳边呼唤他的名字

妈妈可以与孩子面对面，确定孩子把注意力放在妈妈身上之后，在他耳边轻轻呼唤他的名字，当孩子向一边转头的时候，再到孩子的另一边呼唤他的名字。这样就可以提高孩子的注意力和对外界刺激的反应能力。

做以上游戏时一定要注意，不管是父母发出的声音还是玩具或者音乐的声音，都一定要柔和动听。

心理抚养课堂

孩子为什么有时候能听到成年人听不到的声音？

这是因为成年人已经非常熟悉周围的环境了，常常可以自动过滤掉一些噪声。而孩子并不具备这样的能力，所以常常会被噪声干扰。

训练孩子听觉时，有哪些注意事项？

听觉训练时声音要柔和、动听，不要持续很长时间，否则孩子会失去兴趣，停止反应。

口腔敏感期：给孩子丰富的味觉感受

女儿14个月大的时候已经学会用手抓东西了，凡是抓在手里的东西她就一定会送进嘴里“检验”。妈妈非常担心，因为孩子分不清放进嘴里的东西是否安全，所以妈妈只能时时刻刻都盯着她，生怕女儿把瓜子皮、硬币等吞进肚子里。

有一次，女儿找到一个带皮的橘子瓣，想都没想就全都放进了嘴里。妈妈刚想上前帮女儿把橘子皮剥下来，只见女儿皱着眉头把橘子皮吐了出来，吃掉了橘子瓣。妈妈笑了：“看来孩子还真是用口来认识世界的！”

一般来说，孩子的口腔敏感期集中在出生到 2 岁这个阶段，在这一阶段，孩子会把自己的大部分注意力放在口上。但是随着年龄的增长，孩子的手和其他器官也会出现敏感期，此时口腔就不再是探索世界的主要方式了。

口腔敏感期持续时间的长短和孩子所处的环境有很大的关系。如果在这一时期，父母能给孩子一个宽松的环境，让孩子尽情地去“品尝”世界、探索世界，那么孩子的口腔敏感期会很快过去。但是如果父母强行阻止孩子，这种敏感期可能就会持续很长时间，因为孩子是通过口让自身与外界建立联系的，如果没有建立起与外界的良好关系，那么孩子的口腔敏感期是不会结束的。

帮孩子顺利度过口腔敏感期

尊重孩子的口腔敏感期：为了让孩子快速地度过口腔敏感期，父母应该明确口腔敏感期的存在并且要尊重孩子的口腔敏感期，要允许孩子用口去品尝味道、去探索世界，否则就会引起孩子的不满。

尽量满足孩子的需求：知道孩子进入口腔敏感期后，父母应该尽量去满足孩子的这一需求。如果父母没有满足孩子，那么孩子极有可能去抢别人的食物、拿别人的东西；如果孩子养成了这种坏习惯，以后再想纠正是很困难的。为了避免上述情况的发生，父母应该最大限度地满足孩子的探索需求，支持孩子的探索行为，只有这样，孩子的这个敏感期才会迅速结束。当然，父母也要注意孩子的安全，把一些危险的东西，比如剪刀、图钉等物品放到孩子看不到的地方。

关于卫生的问题：其实对于孩子的口腔敏感期，很多父母最担心的就是卫生问题，因为此时的孩子分不清干净和肮脏，所以不管看到什么都会放进嘴里。在家里的时候，父母可以把孩子喜欢放进嘴里的东西洗干净。在外面的时候，父母要学会转移孩子的注意力，比如当孩子捡到小石子的时候，可以自己也捡起一块小石子，扔向远处，然后对孩子说："看看谁扔得远！"这样孩子把小石子放进嘴里的机会就减少了。

给孩子直观的味觉认知

香香最喜欢吃妈妈做的馄饨，每次都能吃上好几个。最近，妈妈为了让女儿能够摄取更多的营养，也为了给女儿换换口味，于是给孩子做了羊肉香菜馅的馄饨。谁知刚吃了一口，女儿就把馄饨吐了出来，说有股怪味道。后来女儿就学会了给妈妈做的菜挑毛病，不是说咸了就是说淡了，要不就是说有股怪味道。妈妈很奇怪，女儿以前不挑食的，这是怎么回事呢？

当孩子刚刚出生的时候，他就会以一种对味道的偏爱与养育者进行无声的沟通。这时候他的味蕾已经很敏感了，对不同的味道会有不同的反应。婴儿期的孩子更喜欢吮吸和吞咽一些带有甜味的东西，对苦味、酸味和咸味的东西非常排斥。其实，这种反应对生存具有重要意义，因为对新生儿来说，最理想的食品就是略带甜味的母乳。

孩子 4 个月左右的时候才开始喜欢咸味，这也是为他开始吃非流食作准备。口味形成和味觉器官发育的黄金时期是在 1 岁以内，此时父母应该避免给孩子吃过甜或者过咸的食物。为了给孩子添加辅食作准备，父母可以让这一时期的孩子多喝一些果汁和蔬菜汁，这可以让孩子记住更多的味道并且不排斥这些味道，也可以防止孩子养成挑食的习惯。

还有很多妈妈可能会发现原本不挑食的孩子变得挑食了，就像故事中的香香一样，其实这是孩子进入了味觉敏感期的原因。这个时期的孩子，即使是同一种食物，只要味道稍有改变，他们就能很敏锐地觉察到。有些孩子对酸味的食品特别敏感，有些则对胡萝卜、青椒非常反感。其实父母应该在孩子味觉敏感期引导孩子尝试更多的味道，刺激他们的味蕾，否则孩子就会排斥某种食品，严重的甚至会影响孩子一生的口味。

父母要让孩子多多品尝各种食物，并在一旁给予语言的介

绍，这样孩子就会对味道形成直观的感受。比如给孩子一杯糖水，可以在孩子喝的时候，轻轻告诉孩子：“孩子，这杯水是甜的。”这样孩子就会将他所听到的声音和味觉联系起来，随着经验的积累和认知能力的发展，孩子就能逐渐学会辨别味道并理解这种味道所代表的含义。

心理抚养课堂

孩子 1 岁了，经常吃一口东西就吐出来，正常吗？

这是孩子正处于口腔敏感期内的原因，他并不是想吃东西，只是体验食物放到嘴里的感觉而已。

孩子 2 岁多了，还是爱吃手，正常吗？

孩子 6 个月到 3 岁之间的吃手通常是为了排解无聊。他们往往在自己的某种需求得不到满足的时候用吃手来稳定自己的情绪，这一时期的吃手行为也不需要纠正。

嗅觉敏感期：给孩子丰富的味觉感受

科学家做过这样一个实验：当孩子哭闹不止时，将留有母亲气味的衣服放在孩子的枕头下面，就可以帮助孩子安然入睡。有的孩子即使在睡觉的时候，也能够轻松地辨别出躺在自己身边的是不是自己的妈妈。

研究表明，孩子从刚刚出生的时候就具有了一定的嗅觉功能，而且是非常灵敏的，他们能够很轻松地识别妈妈的气味。

其实嗅觉的功能远远不止闻味道那么简单，它在人类出现的早期曾经起到重要的作用。早期的人类可以依靠嗅觉来避免危险的环境和事物，嗅觉是一种凭直觉做出反应的感觉。当人吸气时，空气中的气味借着鼻黏膜上的感受器，由嗅觉神经传送到大脑中的海马叶。人类可以通过嗅觉来避免很多潜在的危险，比如很多人如果闻到不好的味道会自动避开那个环境，这就是嗅觉的功能之一。

固定的气味带来固定的安全感

皮皮出生不久，因为妈妈忙不过来，所以外婆过来帮忙带他。一直以来，皮皮和外婆很亲，但是有一段时间不知道怎么回事，只要外婆一抱皮皮，他就开始放声大哭。妈妈很奇怪，就仔细观察了一下，发现外婆和以前并没有多大的变化，只是这些天染了头发而已。

染发剂通常会有很大的味道，有时候一周都散不掉。而孩子习惯了外婆身上原来的味道，他知道那种味道没有危险，很安全。当孩子闻到陌生的味道时，他就会觉得自己处于一个不安全的环境，会产生恐惧，也正是由于这个原因，外婆一抱起皮皮，皮皮就会哭闹。

熟悉的味道能够给孩子带来安全感，他知道熟悉的味道代表安全的环境，知道自己没有危险，这样他的心情会很平和。

一旦周围的气味发生了改变，孩子就知道自己所处的环境有不熟悉的人或物品进入，他不能判断这个人或物品是不是有危险，因此只能靠大声哭喊来呼唤父母保护自己。

所以，为了给孩子安全感，父母要保证孩子周围的气味相对固定。只有这样，孩子才能对周围的环境产生信任感，同时这种环境也有利于亲子依恋关系的形成。

教孩子认识更多的气味

孩子对气味十分敏感。当闻到牛奶、香蕉等食物发出的香味时，他会深呼吸；当闻到酒精、醋等液体发出的刺激性气味时，他会扭头。

在孩子出生仅 1 周的时候，他就会把自己的头转向自己母亲的乳房衬垫，而对其他母亲的乳房衬垫没有反应。孩子的嗅觉器官就像一个小雷达，时时刻刻搜索着美好的感受和安全的环境，并且指导他远离可能造成伤害的事物。

因此，对于嗅觉的训练是有必要的。如果孩子的嗅觉发育不健全，本来可以嗅出的味道不能辨别，这不仅会使孩子反应迟钝、辨别力差，还有可能让孩子对潜在的毒气等毒物和危险品不够警觉，以致不能及时回避、逃离，会让孩子身处险境。

为了提高孩子嗅觉的灵敏度，父母要在孩子出生早期就开始有意识地进行嗅觉训练，给予孩子更多的嗅觉刺激。实验表明，孩子在出生 1 个月之内就已经拥有灵敏的嗅觉了，此时他们的嗅觉系统非常发达，能够分辨出不同的气味，一点点特殊的气味都能引起孩子的注意。7 个月大的婴儿开始能够分辨出芳香的气味，但是很好地辨认各种气味，要到 2 岁左右才可以。

在孩子 1 个月的时候，父母可以把孩子抱在怀里，让孩子闻闻不同的香水味。首先把一种香水放在孩子的鼻子下面，缓慢地移动 3 次，如果孩子脸部肌肉抽动，就是他对这种气味有了反应。另外也可以在孩子洗澡的时候，让他闻闻沐浴露、爽身粉的味道，并且要告诉他这是什么味道。

等到孩子稍微大一点儿，可以让孩子闻各种鲜花的香味。等他熟悉了这些味道之后可以把孩子的眼睛蒙起来，让他闻到花香说出花的名字。

做这个游戏的时候要注意，对孩子的嗅觉训练不可能一蹴而就，因此不要一次选择过多的花朵，而且要选择气味对比强烈的鲜花进行区别。此外，要注意孩子的体质，如果孩子是过敏体质，要避免这项训练，否则可能会引起花粉过敏。父母可以开动脑筋，其实周围有很多东西可以利用，比如蔬菜、水果、海鲜等，或者带孩子到蛋糕店等一些具有独特气味的地方。

父母还可以与孩子玩“闻香识人”的游戏。可以让孩子闻闻周围亲人的味道，然后蒙上孩子的眼睛，让孩子嗅一嗅，就像听声音就知道是谁发出的一样，让孩子闻到味道就知道是谁。

其实训练孩子嗅觉最好的场所就是大自然了，父母要抓住一切机会让孩子认识各种不同的味道。比如，可以经常带着孩子去户外闻闻花草树木的气味以及泥土的味道，也可以带孩子到海边感受一下略带鱼腥的味道。只要走入大自然，来自大自然的种种味道一定能给孩子的嗅觉带来全面的冲击。

心理抚养课堂

孩子习惯用嘴呼吸，这样好吗？

习惯用嘴呼吸，气体无法上传到嗅觉细胞，因此可能会让孩子暂时或长期地失去嗅觉，这会影响孩子的注意力和记忆力。所以父母要提醒孩子用鼻子呼吸，改掉用嘴呼吸的习惯。

训练孩子的嗅觉是否就是要让孩子闻各种味道？

虽然让孩子闻各种味道能刺激孩子的嗅觉发育，但一天之中不要让孩子闻太多的味道，最好每天换不同的味道给孩子闻，循序渐进地训练孩子的嗅觉。

触觉敏感期：让孩子用手探索世界

公交车上，一位爸爸抱着四五个月大的孩子上了车。人们纷纷给这位爸爸让座。爸爸坐下后，孩子就伸着手抓车上的吊环。孩子拿着吊环，玩得十分开心。后来孩子玩够了，爸爸抱着他坐下，发现孩子的手仍然一刻都闲不下来：一会儿摸摸窗户玻璃，一会儿摆弄一下衣服，一会儿摸摸椅背。

孩子认识世界时，最早使用的工具是口。通过口与物体的亲密接触，孩子慢慢知道了什么是可以吃的，什么是不可以吃的。实际上孩子不仅用口来认识世界，而且可以用口来唤醒身体的其他部位。当孩子第一次把手放到口里的时候，其实就已经唤醒了手的知觉，从那时候开始他们就在尝试着用手来探索世界。

让孩子的双手自由舞动

等到孩子口的敏感期过去，他们使用手的敏感期就来了。这时候的孩子总是一刻不停地挥舞着双手：见到方的就捏，见到圆的就按，见到扁的就扔，见到线就拽。有时候他们会把手放在物品上摸一下，然后握紧拳头，再张开，在父母眼里很无聊的动作，孩子就能一下玩上几个小时。

其实这在大人看来是一个非常简单的动作，但是对孩子却有着特殊的意义。这是他们用手去捕捉事物、认识世界的一次次尝试，在不断尝试的过程中，孩子不仅通过摸、揉、扔、拽的动作感知这些物体，而且在这个过程中了解到手是自己的一部分，具有强大的力量，同时也在这个过程中提高了手的灵活度。

父母要充分尊重孩子用手的敏感期，抓住这个时机提高孩子的触觉敏感度。首先父母要给孩子用手探索的自由。孩子手的活动不仅仅是手的活动，它还与孩子的智力发展水平紧密相连。如果父母对这些不了解，不给孩子用手的自由，还人为设置很多障碍的话，就相当于剥夺了孩子认识世界的机会。

父母还要开动脑筋，给孩子提供尽量多的物品，可以给孩子准备一些不怕摔的东西。孩子喜欢摔东西并不是有意给父母找麻烦，而是他们发现了手的新功能，那就是不仅能够抓东西，还能扔东西，这对他们来说是一个重大的发现，所以他们要不断地验证手的功能，借此来表明自己力量的强大。

让孩子自由体验手的功能

兰兰很爱吃香蕉。不过妈妈最近发现，在兰兰的眼里，香蕉已经成了最有趣的玩具。原来，最近妈妈在喂兰兰吃香蕉的时候，当香蕉只剩一点点时，她挥舞着双手向妈妈扑过来，用手紧紧地抓住了最后的那一点香蕉，然后用手捏了起来。不一会儿，兰兰的手上就粘满了香蕉。

读到这个故事，可能很多父母都产生了共鸣："我们家的孩子七八个月的时候也是这样的，他们也喜欢这些黏糊糊的东西，喜欢玩香蕉、面团或者米饭。"其实这是孩子手的敏感期到来的一个明显标志。

那么，孩子在手的敏感期为什么喜欢黏糊糊的东西呢？其实那是孩子在验证手的能力。孩子手的敏感期刚刚被唤醒的时候，他们知道了手可以抓东西，但是他们不知道手也可以改变事物，直到他们通过某次偶然的机会发现原来自己拥有改变世界的能力。

当孩子抓到黏糊糊的东西时，他们发现这些东西在没有被手抓的时候是一种形状，抓过以后就变成另外一种形状，这让孩子产生了极大的兴趣，所以他们才会对香蕉和打碎的生鸡蛋如此感兴趣。

在做这些游戏的时候，他们的脑子在想："哇，原来手这么神奇啊！"在这个过程中，孩子体验到巨大的满足感和成就感。在孩子处于手的敏感期时，如果在他们面前摆放两样东西——一个硬的、一个软的，那么他们一般不会去碰那个硬的。

在手的敏感期，父母还要开发孩子利用手来做精细动作的能力。那么什么是手部精细动作呢？用两个手指把细小的物品捏起来，这就是手部精细动作。手部精细动作的发展对孩子的智力发育具有很大的促进作用，可以大大提高孩子的认知能力，而且有助于空间感的建立。如果父母经常有意识地引导孩子去抓握细小的物品，不仅可以改变孩子的抓握方式、锻炼孩子指尖细小肌肉的协调能力，还能促进孩子神经系统的发育。

心理抚养课堂

如果我们没有让孩子自由体验手的功能，会出现什么样的情况呢？

有可能当孩子到了四五岁的时候，他们拒绝学习使用工具吃饭，而是直接用手抓饭、抓菜来体验那种改变物体形状的感觉。

孩子进入触觉敏感期后，喜欢上扔食物，怎么办？

当孩子吃饱后，就要把餐桌上的饭碗拿开、把食物拿走，给他别的玩具玩儿。

动作敏感期：探索更广阔的空间

宁宁两岁半的时候，突然爱上了转圈。妈妈总是很担心她转晕了摔倒，但是宁宁似乎很有分寸，每当快要转晕的时候，就找个地方扶着休息一会儿。

这种转圈游戏大人可能会觉得非常无聊，但宁宁却玩得很开心。每次转完之后，她都会咯咯地笑上一会儿，一脸满足的样子。

其实，宁宁是在训练自己的动作，属于动作敏感期的范畴。

孩子的动作敏感期也是探索空间的敏感期。通过运动，孩子会产生空间感，形成空间的概念。就像宁宁喜欢旋转一样，每个孩子实际上都会出现这么一个时期，这是因为他们忽然发现自己生活在一个自由的空间里，所以就选择用旋转的方式来感知这个空间。

唤醒孩子的腿脚功能

每次从外面回家，牛牛都喜欢爬楼梯，所以妈妈就陪着牛牛爬楼梯。有时候牛牛好不容易爬上了自家的六层楼，当妈妈正打算歇一口气的时候，牛牛又决定下楼。

妈妈想，既然孩子的行走敏感期到了，也只能选择陪伴了。

当孩子处于行走敏感期的时候，他们会对楼梯产生浓厚的兴趣，不仅如此，他们对有坡的地方也会很感兴趣。

孩子为什么会喜欢这些地方呢？这一方面是孩子对空间进行探索的一种表现，另一方面也是他在增强双脚和双腿的力度、增强腿脚的功能。孩子只有反复感知，腿脚的功能才能逐渐被激发出来。当孩子处于行走敏感期的时候，父母应该跟在孩子的后面，他走你就走，他停你就停。

另外，在这个时期，孩子会发狂般地爱上走路，但是由于孩子个子小，所以当他一门心思地要去自己想去的地方时，父母一定要跟在他的后面时刻准备着弯腰扶他。这个时候父母会非常疲劳，但是父母一定不要厌烦，而是要小心地保护孩子，因为如果错过了这个敏感期，会影响孩子的健康成长。

当孩子学会自如地走路时，他们还会喜欢上另外一种唤醒腿脚的方式，那就是专门捡不平的路走。有时候他们会专门去踩小水洼，有时候会专门找那些又脏又乱的地方走，甚至自己的尿形成的小水洼也不放过。

此时父母要尽量满足孩子的探索欲望，不要害怕孩子弄脏衣服。因为在孩子的眼里，这些地方非常有意思，能激起他们探索腿脚功能的欲望。所以这一时期，父母要学会欣赏孩子探索的行为，对他们的探索行为进行鼓励而不是横加干涉或者阻止。

让孩子体会改变世界的乐趣

娜娜今年 3 岁半，她前一段时间突然迷上了剪纸，不过剪得很不好。但是妈妈没有嘲笑她，也没有训斥她，而是给她提供了足够的纸让她自由发挥。大约过了 1 个月后，妈妈惊奇地发现女儿已经不是乱剪一气了，而是开始喜欢按照一条线来规规矩矩地剪。后来娜娜又让妈妈给她买来学剪纸的书，然后她就顺着线剪出各种各样的形状，她的房间里也贴满了她的剪纸作品。

其实，孩子到了三四岁的时候会自然地爱上剪、贴、涂的动作，并且能够专心致志地做这些事情好久。至于他怎么来完成他的作品或者他的作品到底体现了什么样的主题，就只有孩子自己知道了。父母要做的就是给孩子提供材料，让他去完成这些事情，尽量不去打扰。在这个过程中，孩子能够学会使用一些简单的工具，比如剪子、小刀等物品。孩子创作的过程也是他们享受改变世界的乐趣的过程。

在孩子剪、贴、涂的过程中，他们动作的灵活性增强了。此时他们虽然还不能做更精细的动作，比如写字、创作一幅真正的画，但是他们做简单的剪纸或者剪图这样的动作是不难的。开始的时候父母不要强迫孩子一定要剪成什么形状，要让孩子随意地去剪。在这个过程中孩子手的灵活性已经得到了增强，随后孩子自然而然就能更灵活地把纸片剪成自己喜欢的形状。

孩子在这个敏感期，不仅喜欢剪纸，还会慢慢喜欢涂色。当然这也是孩子在色彩敏感期和绘画敏感期的表现。为了让孩子顺利地掌握这些技能，父母可以为孩子提供一些涂色或者教孩子涂鸦的书，给孩子讲解书中的内容，指导孩子去模仿和学习。

为了提高孩子动手的兴趣，教会孩子使用更多的工具，父母还可以与孩子一起进行一些手工制作。比如可以买一些富有特色的建筑物模型和孩子一起来完成，这不仅可以锻炼孩子的动手能力，而且可以增进亲子间的感情。

爱游戏的孩子更灵活

星星的妈妈最喜欢与孩子做的游戏就是“模仿小动物”了。她经常会选择一个温暖的周末带着星星到动物园去观察各种小动物，回家之后她就会对星星说：“我们来做个游戏吧，让爸爸来说一种动物的名字，咱们一起学，看谁学得像，好不好？”于是，星星就在妈妈的带领下学兔子跳、学大猩猩，爸爸妈妈每次都会被星星滑稽的动作逗得大笑。

学习小动物的游戏很受孩子们的欢迎，父母可以根据不同的目的说出不同的动物。比如：想要锻炼孩子双脚跳的协调能力，就可以多说一些蹦跳的小动物，如兔子或者袋鼠等；如果想要锻炼孩子四肢的协调能力，就可以让孩子模仿一些四肢着地的动物。

心理抚养课堂

孩子 3 岁多了，特别喜欢爬坡，但经常爬不上去。父母能帮忙吗？

如果孩子得到了父母的帮助，会让他丧失安全意识。因为有了被帮助的经验之后，孩子就会觉得，以后当他需要支点或者踩空的时候，一定会有人来帮助他。产生这种错误意识后，孩子再去探索空间的时候很容易受伤。

孩子特别喜欢踩水，经常把衣服和鞋子弄湿，应该阻止他吗？

父母不要害怕孩子弄脏衣服。因为在孩子的眼里，这些水洼非常有意思，能激起他们探索腿脚功能的欲望。

语言敏感期：让孩子的语言能力“快人一步”

我的孩子 1 岁多了，最近她变得有些奇怪。那天我正在厨房做饭，刚刚学会说话的孩子自己在客厅里玩游戏。忽然，我听见孩子叫我“妈妈”，于是我赶紧放下手里的活儿去看她。我问她怎么了，她看了我一眼，没有说话。于是我又回到厨房，没过一会儿，孩子又叫我，我跑出去看发现还是没事。

其实，故事中的这个女孩正处于语言敏感期内，这是孩子学习语言过程中出现的正常现象。

孩子对语言的认识和最终学会使用语言这个工具是有规律的。一般来说，孩子的语言敏感期是 0~3 岁，这个时期可以被划分为两个阶段。第一个阶段是语言前期，这时候孩子并不会开口说话，不过父母不能因为孩子没有开口说话就忽视了对孩子语言能力的培养。这个时期不要让孩子远离语言，而要让他们时刻处于语言环境中，熟悉和认识语言，为学习语言打好基础。第二个阶段被称作“语言期”，是孩子的 1~3 岁，这个时候孩子的主要任务是通过模仿练习发音和学习语言。

让孩子感知语言

语言的学习规律是先接收、再理解，最后是自己表达。这就像盖高楼，只有基础打得牢固，孩子日后的语言学习才能顺畅地发展。

在感知语言的阶段，父母要为孩子准备优良的、丰富的、多元化的语言环境。有研究表明，孩子在出生几天后就能辨别外界不同的声音，尤其是对妈妈的声音十分敏感，他们甚至已经学会通过声音来判断妈妈的情绪。

这都表明此时孩子对语音已经产生了敏感性。这时候，为了保持和进一步刺激孩子对语音的敏感程度，父母不必刻意保持房间的安静，而应该让孩子慢慢熟悉家庭中正常的声响。在这种自然的声响中，孩子对声音的感知能力会逐步提高。

2~3 个月的时候，孩子就有了想要“说”的意识，他们感到舒服或者高兴的时候，会发出很满足的声音，比如“啊”“哦”等。孩子越高兴，发出的声音就越多，所以父母要尽量为孩子创造一个舒适的环境，这样他们就会不断地进行发音练习，这实际上是孩子学习语言的开始。此时，如果父母模仿孩子的声音，会给他们带来极大的满足感，这同样可以激发他们继续学习发音的兴趣。

5~6 个月的时候，孩子会对一些叠音词非常感兴趣，这时候父母可以给孩子念一些叠音词，比如“爸爸”“妈妈”“哥哥”“妹妹”等给他听。不过需要注意的是，父母不要把所有的物品都用叠字的形式告诉孩子，比如“桌桌”“饭饭”等。虽然这一时期的孩子喜欢这类叠字，但是如果长期听到这样的词，会把孩子领进语言的误区，使孩子养成不良的说话习惯。

当孩子 7~8 个月的时候，他们已经开始理解父母的语言了。这时候的孩子可以在听到爸爸妈妈的指令后做出相应的动作，比如再见或者拍手等。这个时候，父母要注意抓住一切机会与孩子说话，无论是在给孩子喂饭、洗澡还是穿衣服的时候，都要一边说一边做，这样孩子就能把父母的语言和动作联系起来，还会对很多概念形成自己的认识。

在 9~11 个月的时候，孩子已经会喊“爸爸”“妈妈”，还会用手指向自己想要的东西，用摇头来表示反对。这个时期的孩子对拟声词非常感兴趣，所以为了激起孩子学习语言的兴趣，父母可以在说话时多用一些拟声词，比如“小狗汪汪叫”中的“汪汪”、“自来水哗哗地流”中的“哗哗”等。孩子听到这些会非常开心，也会跟着去模仿。

学习语言，从模仿开始

处于语言敏感期的孩子就像一个复读机：别人说什么，他也说什么；别人问他话他也不懂，只是机械地重复别人的话。

不过孩子对句子的模仿通常不分场合，只要自己高兴或者感兴趣，他就会说出来。还有很多父母会把孩子的这种行为当作“淘气”的一种表现，常常阻止孩子的这种行为。其实这对孩子的语言学习是很不利的。

模仿是孩子最重要的一种学习语言的方式，也是语言敏感期的孩子常见的表现。如果父母强行剥夺孩子模仿别人说话的权利，那么孩子语言能力的发展就会大大减缓。

所以在这个语言发展的关键时期，父母一定不要强迫孩子，要给他自由，让他随意模仿。孩子本身没有是非观念，所以这个时期他所学的语言五花八门，无所不包，有可能是动人的诗句，也有可能是骂人的脏话，对这些话他们都会不加选择地去重复，而且很开心。

如果听到孩子学会一句诗歌，父母大多会很高兴；但当孩子嘴里说出脏话的时候，父母就很难保持平静了。其实骂人的脏话和优美的诗歌在孩子眼里并没有区别，所以父母不必很着急，也不必强迫孩子不去说。等到孩子失去对这个词的新鲜感，他自然就不会再说了。

心理抚养课堂

孩子开始喜欢模仿大人说话了，父母有什么办法能让孩子模仿好的语言？

父母可以有意识地进行一些语言训练。比如，给孩子读一些文字优美的故事，让孩子去模仿这种精确优美的语言，体验语言的魅力。

孩子刚开始说话时有轻微的口吃现象，怎么办？

父母在跟孩子讲话时，应该降低语调，用缓和、拖长音的语气说话，这样孩子就会不自觉地去模仿这种说话方式，口吃也会得到缓解。

父母小课堂

儿童敏感期各阶段

一、语言敏感期

0~6 岁，孩子对大人说话的口型开始学会模仿，学会咿呀学语。

二、符号敏感期

3.5~5.5 岁，孩子对认识字符、书写字符产生各种兴趣。

三、阅读敏感期

4~6 岁，孩子对阅读产生浓厚的兴趣，喜欢看书、读书。

四、秩序敏感期

0~3 岁，孩子一般喜欢有一定秩序的环境，认识事物和熟悉事物。

五、器官敏感期

0~6 岁，孩子能够对听觉、视觉、味觉、触觉器官产生敏感的时期。

第二章

CHAPTER 2

小行为大心理：发现孩子行为背后的真相

孩子总是扔东西，要不要制止

宋梅的孩子9个月了，最近开始了一个新游戏——扔玩具，见什么扔什么，而且越扔越开心。宋梅以为是孩子不小心把玩具掉在地上的，于是就弯腰去把玩具给他捡起来，但是每次刚把玩具还给孩子，他又会用尽力气扔出去。这样反反复复好多次，宋梅这才发现原来孩子是在故意扔东西，于是就不再理他了。可是看到孩子眼泪汪汪地依旧用手指着地上的东西，宋梅只好又一次次地去把玩具捡起来给他。

学习过程中的必经阶段

很多 9~10 个月的孩子都会出现扔东西的情况，父母对此苦不堪言。其实孩子喜欢扔东西并不是他存心捣乱，而是由这个时期孩子的年龄特点决定的。

“扔东西”时期是孩子学习过程中的必经阶段。到了一定的年龄，孩子就会对事物的因果联系非常感兴趣。比如偶然把球扔出去的时候，孩子发现球是滚动的。开始他并不知道是自己的原因引起了球的滚动，但是经过多次的“偶然”，孩子就发现了“必然”，发现自己扔的动作引起球开始滚动的效果。同时，在扔东西的过程中，孩子还意识到了自己与动作对象之间存在区别，这是自我意识发展的第一步。

展示自己的力量

孩子总是反复地扔东西也可能是想向父母显示自己的力量，渴望得到父母的表扬。刚出生的时候，孩子的手部动作还不灵活，不能拿住东西。但是随着个体的发展，他发现自己不仅能拿东西，还可以把东西扔出去。这让他非常兴奋，认为自己又学会了一项大本领，所以经常非常高兴地进行多次重复，同时也希望引起父母的注意，给予他表扬。

向父母传达信息

有时候，孩子扔东西是想向大人传达某些信息。比如当孩子把自己手边的东西扔在地上的时候，他可能是发现自己长时间没人关注，于是想吸引家人过来和他一起玩。

为了孩子的健康成长,父母应该充分满足孩子“扔”的欲望，为孩子提供扔东西的环境，不必为此烦心，这只是一个很短暂的过程。当孩子学会正确地玩玩具和使用工具后，他的兴趣会逐渐转移到更有趣的活动上，“扔东西”的现象会自然消失。

心理抚养课堂

孩子扔东西时，父母应当放任还是适当加以控制？

父母可以制定一些必要的规矩。例如可以告诉孩子球可以扔着做游戏，但食物就不能扔在地上。

孩子快 3 岁了，还是喜欢扔东西，这正常吗？

如果孩子到了 2 岁以后，仍然喜欢随意扔东西，那么就应该让孩子改掉这个坏毛病了，因为这个时期已经不再是孩子扔东西的特定时期了。

孩子为什么总是说“不”

妈妈带着刚满3岁的女儿丫丫和她的表哥去踏青，路上，妈妈说：“丫丫，让哥哥拉着你的手走，这样不会摔倒。”丫丫想都没想就很坚决地吐出了一个字：“不！”于是妈妈就让丫丫的表哥主动去牵丫丫的手，这下可把丫丫气坏了，竟然大哭起来……丫丫妈妈非常奇怪：“女儿最近怎么总是这样反常呢？”

当孩子 2 岁左右的时候，运动能力、思维方式以及语言能力的发展让孩子学会了表达自己的想法和主张。这时候的孩子，任何事情都希望亲自去做，很讨厌大人的帮助，比如洗脸的时候会拨开妈妈的手；还不会用筷子，却偏偏要自己拿筷子吃饭，如果帮他改正拿筷子的方法，他还显得很不耐烦，会大发脾气。

“不”是孩子的独立宣言

父母会突然发现原本乖巧可爱的孩子好像变了一个人一样，无论要求他做什么，他都是一样的回答：“不！”很多父母为此烦恼不已，还有可能会对孩子发脾气。

其实当孩子说出“不”的瞬间，父母就应该意识到自己的孩子长大了，说明孩子正在形成自我意识，从此开始逐渐独立，不再任何事情都依靠父母了。“不”可以说是孩子发出的独立宣言。

面对孩子的独立，父母应该高兴并且支持孩子的尝试。当孩子开始说“不”并且一切都要自己去尝试的时候，父母一定不要批评孩子尝试中可能出现的失误，更不能对孩子的失误冷嘲热讽。

比如当孩子拨开你的手一定要自己吃饭，最后却打翻了饭碗时，父母千万不能说：“非要自己吃，打翻了吧？”这是对孩子独立要求的否定，会延缓孩子自我意识的形成。

应对孩子的无理要求

当孩子自我意识形成的时候，很可能会提出很多无理的要求，这个时候父母该怎么办呢？难道就听之任之？

当然不是，这就需要父母开动脑筋去引导孩子形成好习惯了。比如，当孩子自己不会穿衣服，父母给他穿上后他又偏偏哭着要脱下来坚持要自己穿的时候，父母不要训斥孩子是在制造麻烦，而是要表扬他能够自己试着做事情。父母也可以不跟孩子说自己的目的，只把孩子放在特定的环境里。比如，孩子应该睡觉的时候，父母可以直接把孩子抱到床上，这样就可以减少被孩子拒绝的机会。如果孩子仍然大喊“我不睡觉”，父母可以说“不是让你睡觉，你可以在床上玩一会儿”。

心理抚养课堂

孩子一般在哪个年龄段开始喜欢说“不”？

孩子大概在18个月左右，就开始学会拒绝。这样的情况一直会持续到孩子3岁左右，他们在这个年龄段会想去反对父母、想去展现自己的个性，同时也是自我肯定的一种表达方式。

父母如何应对孩子说“不”？

孩子说“不”在很大程度上是因为他们有了自己的意愿，所以父母不妨让孩子来选择，让他们享受自己“做决定”的感觉。

面对爱说“不”的孩子，父母应该注意什么？

如果父母在和孩子沟通的时候经常喜欢说“不”，比如说“不要玩”“不能动”“不可以”等，这会让孩子自然而然地也去学习父母说“不”。所以父母在禁止孩子做一件事情的时候，少用“不”这个字，用另外的一个词语或者句子来代替，孩子听的“不”少了，自己也会降低说的频率。

孩子“人来疯”，父母需引导

田田从小就活泼好动，今年已经 4 岁了，虽然依然是个小淘气，但平时也能坐下来安安静静地玩玩具或者看看书。可是，每次带女儿去亲戚家或者参加婚宴，又或者家里来了客人的时候，小家伙就会马上恢复“小麻雀”的本性：一会儿上蹿下跳，模仿动物的叫声；一会儿又把洋娃娃抱出来，在客人面前玩过家家……如果爸爸妈妈制止她的这些行为，她反而会闹得更厉害。

相信很多父母都遇到过这种尴尬的场面，甚至平时乖巧、礼貌的孩子也不例外，一旦有客人来了，孩子就无理取闹、撒野，弄得父母很难堪，甚至不知如何是好。为什么孩子会出现这种“人来疯”现象呢?

儿童心理学家认为，父母的过度溺爱或者严厉管束有可能会造成孩子的“人来疯”现象。平时，都是全家围着孩子转，尽可能地满足孩子的一切要求，导致孩子“自我为中心”的意识特别强。孩子在心里觉得自己的地位“至高无上”，而且已经习惯了这种待遇。但是,在家里来了客人或者到别人家里做客时，父母关注的焦点发生了转移，把主要精力放在招待客人上了，对孩子的行为和心理状态没有平常那么敏感，孩子一下子感觉到自己从“宝座”上摔了下来,心理落差很大,所以要通过任性、不听话等方法来引起父母、客人的关注,这实际上是在提醒父母:还有我呢，不要把我忘记了。

过度严厉的管束也会引起孩子的“人来疯”现象，平时父母不让孩子与外界接触，孩子就像笼中的小鸟，被抑制了爱玩的天性。如果家中来了客人，而且客人还夸奖孩子活泼可爱，这时候父母不好意思当着客人的面训斥孩子，孩子会敏感地感觉到这种变化，利用这个机会来解放自己。

多让孩子与外界接触

父母平时要多给孩子提供与外界接触的机会，以减少孩子看见客人时的新鲜感。家里有客人来时，让孩子学会问好和招待，使孩子懂得一些待客之道。同时还要注意把孩子介绍给客人，这样可以使孩子感觉到不受冷落。

制止孩子时要注意方法

如果孩子还小，父母要对孩子讲清楚，他的行为是对客人的不礼貌，大家都不喜欢。但不要采取过激的态度，因为那样不仅会让客人尴尬，孩子也听不进去。如果孩子比较大了，最好不要当着客人的面批评他，这时候的孩子自尊心很强，如果当着别人的面批评他，揭他的短，会让他觉得很难为情。

父母可以利用孩子的“人来疯”，引导孩子在客人面前展示自己的优点和特长，出于一种爱在别人面前炫耀自己的心理，孩子在客人面前的表现往往比平时好。

心理抚养课堂

如何预防孩子的“人来疯”行为？

父母在客人来之前要给孩子打“预防针”，告诉他不能玩得太疯，如果守规矩就有奖励，不守规矩就要接受惩罚，客人走之后，一定要落实事先的约定。

如何改善孩子的“人来疯”行为？

父母平时应多观察孩子的行为，是否特别爱表现，是否精力过于旺盛。如果有，就应该多给孩子提供表现的机会，让他的能力得到充分的展示，不要让孩子感到压抑。

怎样才能剪掉妈妈身后的“小尾巴”

4 岁的男孩天天最近经常缠着妈妈，成了一个不折不扣的“小尾巴”和“醋坛子”。天天以前都是自己睡觉，最近忽然要求妈妈和他一起睡。

如果妈妈带着他到公园，他也不愿意离开妈妈去和其他小朋友玩。一旦看到妈妈在对某一个小朋友笑，他就会马上冲过来抱着妈妈，对那个小朋友“示威”：“这是我的妈妈！”

其实，这是一种很正常的现象。因为这时候的孩子进入了情感表达的敏感期。当孩子到 4~5 岁的时候，他的情感世界就会被父母的爱唤醒，他对情感也产生了更加深刻的认识。所以，这个时候的孩子特别喜欢和父母黏在一起，感受来自父母的温暖。这就是天天会忽然变得特别依恋妈妈的原因。

此外，这时候的孩子还希望父母能够把爱都给他，不能分心，否则他就会怀疑父母是不是不再爱自己了。所以如果父母去忙别的事情，或者跟其他小朋友稍微亲近些，甚至父母笑着跟别人说话，他都会很难过，会马上跑过去阻止，有的时候甚至会哭闹不止。

满足孩子的心理需求

当孩子处于情感敏感期的时候，一般都会表现得比较“脆弱”，父母一定要理解孩子，尽量去满足他的心理需求。比如当孩子晚上要求妈妈抱着他睡觉的时候，如果妈妈同意，他的感情需要就得到了满足。其实，表面看来是孩子要求妈妈抱，孩子真正的意思却是说自己想要得到妈妈更多的爱，当妈妈哄孩子睡觉时，可以一边拍着孩子一边说：“妈妈喜欢宝宝，妈妈会永远爱宝宝的！”这样孩子的心理需求就得到了满足，孩子就会很快安然入睡。

给孩子表达感情的自由

4 岁左右孩子的语言能力发展并不完善，但是他们又急于表达自己的情感，所以处于情感敏感期的孩子总是喜欢亲吻父母，会经常往父母的怀里钻。其实，这不仅是孩子向父母索取爱的过程，也是向父母表达爱的过程。这个时候，父母应该高兴地接受孩子的感情，配合孩子，一定不要用自己的主观意识去解读孩子的行为，或者根据自己的心情去回应孩子。

心理抚养课堂

孩子依恋父母的行为一般会持续多久？

到了上小学的时候，孩子还是强烈拒绝和父母以外的任何人亲近，这个时候就属于过度依恋了。

如何减少孩子的过度依恋行为？

父母应该让孩子明白，生活中还有很多人愿意和他们相处，会爱护他们。父母可以邀请同龄的小朋友来家里做客，消除孩子的紧张感，让孩子渐渐适应更多的集体生活。

骂人的孩子不一定是坏孩子

一天早上，郑丽正在给 3 岁的女儿穿衣服，女儿忽然来了一句："臭妈妈，你真坏！你弄痛我了！"郑丽心头一惊，但是脸上没有表现出来，反而平静地对孩子说："衣服穿好了，快去洗漱吧！"女儿脸上露出有些惊奇的表情，但她不甘心，嘴里不停地喊着："臭妈妈，坏妈妈……"

在两岁半左右的时候，孩子会忽然惊奇地发现，语言是一种神奇的力量：语言能让人发脾气，能让人伤心落泪……正是由于这个原因，孩子开始快乐地试验语言的力量。其中骂人、说脏话也是他们体验语言力量的一种方式。

由于父母对这些骂人的话和脏话非常敏感，当孩子使用这些语言时，父母或者会强行制止孩子，或者会对孩子大发雷霆。父母的这种表现反而会让孩子更加深刻地感受到语言的力量、体会到语言所带来的快乐，所以他们就更加喜欢使用这些语言。

那么，面对孩子这些骂人或诅咒的语言，父母应该如何科学地对待呢？

冷处理：尽量漠视孩子的脏话

孩子其实对脏话内容本身并不感兴趣，也并不理解其含义，他真正感兴趣的是说脏话后对方的强烈情绪反应。他发现使用这样的语言后，会引起更多人对他的关注，他甚至很自豪，并乐于看到这种结果。

这个时候，父母要做的就是漠视，正因为有人去回应孩子的“脏话”，所以他才会变本加厉，而一旦无人对他的此类语言作任何反应，毫无情绪波动，孩子看不到他的语言产生的作用，从中找寻不到乐趣，自然就不会再说了。

寻源头：查查孩子的“脏话”从何而来

在孩子的成长过程中，他的成长方式最开始就是学习模仿，孩子使用“脏话”，绝对不会是他自己创造出来的，一定有一个模仿的源头，一定是他听到了什么、看到了什么。

比如父母长辈在带孩子的过程中不好的口头禅，或者父母情绪不好，发生争执吵架时的脏话脱口而出，没有精力去顾及对孩子的影响。孩子看到了、听到了，就去模仿了。

热回应：用积极正面的语言去回应孩子

面对孩子的“秽语”，父母还要有稳定的情绪和平和的心态。除用漠视的态度对待以外，还可以用积极正面的语言去回应。

比如：孩子不开心的时候说妈妈“臭妈妈”，妈妈不要生气，可以笑着回应他说“我是香妈妈，就像宝贝你一样香呢”。

这个时候，孩子就会被转移注意力，他的模仿能力又会带他去重复新鲜的、良好的语句。

正反馈：孩子使用正确的语言时，及时表扬

当孩子能够正确使用积极、美好的词汇或语句时，父母一定要及时夸赞和表扬。父母的赞扬会让孩子有成就感，让他更愿意使用这些好的语言，以获得更多的夸奖。

要让孩子知道良好语言的力量比“脏话”大得多，而更加关注模仿优秀语言，增加孩子学习良好语言的兴趣。

心理抚养课堂

当父母不小心在孩子面前说了脏话时，该如何补救呢？

家长应该立刻纠正自己的行为，马上跟宝宝道歉说：“妈妈（爸爸）不对，刚刚不小心说了脏话，下次再也不会了。”

孩子说脏话屡教不改怎么办？

如果孩子屡教不改，家长可以适度用取消小零食、禁止看动画、不买玩具等方式来略施小惩，让孩子明白说脏话后果的严重性。

我的孩子为什么是个“破坏王”

在刘老师的心理咨询室里，坐着小亮母子。

小亮妈妈问道：“刘老师，我这孩子是不是有多动症？我们家里的东西几乎被他拆了个遍。开始的时候，他只是拆拆闹钟等小东西，后来，这孩子就变成了见什么拆什么，前几天把我的电脑主机给拆了，还把一些主要零件也弄坏了。为此我狠狠地揍了他一顿，可是只安分了几天他又开始折腾了。”

很多孩子像小亮一样，非常喜欢把家里的电器等拆开，想看看这些东西为什么能工作，为什么会发出声音；还有一些孩子的破坏行为则表现为经常扔他人的玩具和文具。这一切在父母眼里都是搞破坏的行为，但是这些行为其实是有很多类型的，父母应该细心观察，不能粗暴简单地采取打骂形式来应对孩子的破坏行为。

好奇心、探索欲

孩子最大的特点就是有极为强烈的好奇心，尤其是 2~9 岁这个阶段的孩子，大脑等身体各项器官都在快速发育，思维逐渐加强，渴望与外界建立联系，但是又不具备创造或者组合新事物的能力，所以便通过这种“搞破坏”的行为展现出来。相比于制造，“拆”操作起来更简单，所以孩子这种“破坏大王”的行为，其实也是一种能力的展现。

这时，父母不应该责备孩子，以免抹杀孩子的探索兴趣。父母可以跟孩子订立一个规定：对于一些比较便宜的、安全的物品，父母可以提供建议后让孩子单独进行探索；对于一些较为昂贵的、有安全隐患的物品，比如电脑、电视等，父母可以抽出时间与孩子进行共同研究。让孩子能够在成人的指导下进行研究，这不仅能减少物品的损坏情况，还能更好地满足孩子的好奇心，增强孩子的兴趣，而且可以让孩子学会适当约束自己的行为。

举个例子，有位妈妈抱怨孩子总喜欢玩水，喜欢把东西泡在水里，甚至将手机丢在水里。究其原因，是孩子对水产生了极大的兴趣，这时父母可以与孩子一起玩水，让孩子看到水还可以有这么多的玩法，这样孩子就不会单单局限在将物品泡在水里了。

比如，父母可以在水里滴入几滴墨水，让孩子观察墨汁在水里的扩散效果，顺便给孩子科普一些物理知识，再问孩子，如果此时在水里放入一张纸巾，纸巾是黑色还是白色。这样便会很快激起孩子的求知欲，于是更强的好奇心代替了将物品扔入水里。

故意报复、发泄不满

那些喜欢拿别人的物品撒气的孩子，有可能是因为遭到了别人的欺负或者讥笑，但是又没有人帮助他正确地处理，他内心想反抗，但又不敢付诸行动，于是只能把怒气指向别人的物品，通过破坏这些物品来发泄自己心中的不满。

还有一些家庭中，孩子没有得到父母足够的关爱，没有感受到家庭的温暖。在这种情况下，孩子就有可能通过破坏物品来发泄心中的怒气，同时希望以此引起父母的注意。还有一些是在溺爱的家庭中长大的孩子，长期为所欲为，也有可能会出现摔门、摔椅子、撕衣服等破坏性行为。

对于那些通过破坏来报复、发泄内心不满的孩子，父母可以与孩子共同商讨解决问题的可行途径，使孩子明白破坏他人物品的报复行为并不是解决问题的有效办法，从而让他们学会采用更恰当的方式来解决问题，既不破坏自己与同伴之间的关系，同时又能很好地表达自己内心的愿望。

对于有些长期被溺爱的孩子因父母没有满足他的要求而做出故意破坏物品的行为，父母绝对不要姑息迁就，而要严厉批评，还要让孩子为自己破坏物品的行为负责。

比如，孩子故意摔坏玩具，就至少在半年内不买新玩具；砸坏了碗碟，就告诉孩子两周内不能吃他最爱吃的冷饮，省下的钱用来买新的碗碟。这样孩子在受到惩罚后，就会在脑海中留下深刻印象，就不敢再由着性子发脾气了。

心理抚养课堂

孩子经常乱动家里的东西，怕发生危险怎么办？

首先，把危险的东西收起来，比如刀具、充电器等危险的物品；其次，告诉孩子什么东西不可以碰，要向孩子详细地介绍，让孩子知道各种东西是做什么的，动了会出现什么样的后果，小孩子还不能乱动。

孩子为什么会无缘无故地摔东西？

父母要充分理解孩子愤怒时也需要情绪释放，这时不妨放下手中的工作，抽出时间，耐心观察孩子到底需要什么，而不是简单地一味斥责。

孩子爱插嘴，应该严厉呵斥吗

帅帅妈妈说，帅帅忽然有了一个坏毛病，那就是在大人说话时特别爱插嘴，尤其是有人来家里串门的时候，大人聊天，帅帅总爱插进来发表自己的看法，这让妈妈感到很尴尬，觉得帅帅不懂事，还会训斥帅帅。几次之后，帅帅倒是不插嘴了，但心情郁闷了，整天一副闷闷不乐的样子。

很多父母都遇到过这样的情形：当你正在跟朋友聊天，或是跟重要人士谈论某些事情，再或是打电话时，孩子总是不合时宜地插嘴打断你的谈话。这时，你难免会尴尬、火冒三丈，却又无从发泄。孩子这种没礼貌的行为确实令人烦恼，但是父母只要了解了孩子的内心世界，就会明白，孩子并不是存心想要捣乱的。

感觉受冷落，寻求关注

3~12 岁的孩子正是自我意识最强烈的时候，他们习惯于以自己为中心去思考这个世界，并且这个阶段的孩子会非常渴求他人的关注以及获得他人的认同。当大人们沉浸在自己的谈话中时，很有可能会忽略身边的小朋友。而在孩子的眼里，无疑自己就不是这个环境中的焦点了，所以会通过插嘴这样的方式来引起大家的注意。

父母在与人交往时，不管孩子多小，都应该郑重地向他人介绍孩子。这可以让孩子感觉到自己很重要，没有被忽视。

对谈话内容好奇

随着年龄的增长，孩子对周围的事物也越来越好奇。当父母与客人的谈话引起他们的好奇时，孩子会提出一些相关问题，希望得到一些解答，这是他们了解周围世界最常用的方式。

遇到这种情况时，如果孩子插话的内容与大人的谈话内容相关，可以试着让其融入大人的谈话，并引导孩子思考、学习和与人沟通；当你和客人谈到一些孩子不理解的事情时，可以适当抽出一些时间，向孩子解释。父母粗暴地拒绝孩子参与谈话，只会让孩子以同样的方式对待他人。

没有学会等待

孩子通常是想到什么就说什么，总希望自己的事情能够优先得到解决。在大人谈话时，孩子经常会因为不耐烦而插话直接表达自己的需要。

父母应该让孩子知道，人们谈话时需要等一个人讲完了，另一个人才能接下去说。要引导孩子换位思考，并让他体会被插话的感受。比如，在孩子讲到最兴奋的时候父母插话，说自己的事情，打断他的讲述，这会让他受不了，这时你再告诉他“你看别人说话的时候，你要是不停地插嘴，别人也会受不了的”，让孩子了解插嘴给人带来的不良感受。

孩子由于年龄小，缺少生活经验和辨别是非的能力，往往显得单纯幼稚，所以他们有时候会不分场合、时间、地点，想起什么就说什么。

这时与其指责孩子，不如教给孩子一些说话技巧。如告诉孩子，要想加入别人的谈话，首先要听清楚别人说话的内容，然后尽量清楚完整地表达自己的想法。插话时不能大声喧哗，咄咄逼人。

如果孩子插话很不是时候，父母不妨和孩子商量一下，如："等妈妈和阿姨说完以后你再说好吗？"让孩子明白只有在别人说话停顿或告一段落时才可以插话。

心理抚养课堂

如何培养孩子在说话时的礼仪？

父母要让孩子明白，我们所处的社会是由许多规则构建成的。要让孩子知道如何与人相处，以及在相处中要注意哪些礼貌行为。

孩子表现欲强，总是爱插嘴怎么办？

如果孩子总是插嘴，父母可以安排孩子单独说话。在单独说话的过程中，不仅可以满足孩子的表现欲，而且能够满足他们想被关注的心理。

孩子为什么犯错后总是狡辩

李女士的儿子大宝今年5岁了，最近一谈到孩子，李女士就开始大吐苦水：

“我的大宝犯了错以后总是狡辩，为自己找借口开脱。比如说，有一次他把桌子上的杯子打碎了，他就说是杯子自己摔下来的，他只是在旁边玩皮球，没有碰到杯子。那里只有他一个人，杯子总不会自己长脚了吧？这种情况在他的身上经常出现，我反驳他，他就会找各种理由为自己辩解，我都不知道怎么去引导了。”

现在的孩子大多数都能说会道，在犯了错误的时候也很会为自己辩解，这对于孩子来说具有两面性。好的一面就是孩子的心态比较好，没有什么事情能让他沮丧难过；不好的一面就是孩子没有勇于承担责任的态度，这也是让父母最担心的。

理解孩子犯错后的心理

孩子犯错后狡辩多半是由于害怕被父母责骂，担心受到惩罚，为了逃避责任、保护自己，进行狡辩。父母回想一下，是不是当孩子犯错的时候，经常没有问清楚事情的缘由就对孩子横加指责，甚至惩罚孩子，让孩子觉得委屈。

加强沟通，让孩子不再逃避

其实如果不去沟通的话，孩子的很多错误父母是发现不了的。所以父母最好和孩子保持每天的沟通和交流，这样才能及时了解孩子的想法，也可以让孩子更快地去改正错误，还可以让孩子少犯一些错误。

孩子已经犯错误了，父母就应该及时和孩子沟通，让孩子能够消除自己的恐惧心理，和父母进行交流，或许在沟通的过程中便能够让孩子承认自己的错误。

鼓励引导，让孩子正视错误

孩子对于错误的态度有时候取决于父母的教育方式，当孩子遇到错误逃避的时候，父母就要鼓励孩子正视错误，不要让孩子养成找借口辩解的习惯。

父母可以这样对孩子说："宝宝，每个人都会犯错误的，爸爸妈妈也会犯错误的，但是我们犯了错误之后要去承担后果。我们要总结错误的原因，下次才不会犯同样的错误，只有这样我们才会成为一个很棒的人，否则总是为自己辩解，推卸责任，就会让事和人都变得更糟糕。知道了吗，宝宝？"

这样孩子就会明白不去正视错误的后果，从而勇敢地去承担责任了。

如果在交流的过程中，孩子能够承认自己所犯的错误，不再狡辩，父母一定要给予相应的肯定，并且要鼓励孩子，让孩子知道自己虽然犯了错误，但是承认并且及时改正是不会受到任何惩罚的。

心理抚养课堂

父母认为孩子狡辩，孩子却认为父母专制，怎么办？

好的教育应该让孩子既有主见又能听取别人的合理意见，并对自己的行为做出调整。父母在给孩子建议时应该为他留下一定的自由选择空间，让孩子感到配合父母的建议是快乐的，这样他合作的积极性就会提高。

孩子狡辩时，如何跟他讲道理？

12 岁以下的孩子很难理解许多抽象的名词概念，因此这时候对孩子的教育应该以行为训练为主，最好不要讲大道理。父母只需指出具体问题，提出合理建议即可。

父母小课堂

儿童行为背后的心理需求

情感依赖需求

这种心理需求在婴儿时期表现得非常明显，比如两三岁的小孩就特别缠人，妈妈走到哪儿他跟到哪儿，妈妈必须时刻出现在他的视线之内。

孩子之所以如此，是因为他们的情感需求没有得到满足。父母应该多花些时间陪伴自己的孩子，满足孩子的情感需求。

被尊重的需求

孩子更需要得到尊重，父母在做事情时要记得询问孩子的意见，不要以居高临下的态度对待孩子。

父母在处理与孩子有关的事情上，记得要问问孩子，比如在处理孩子的玩具时，记得问问：“宝宝，这件玩具可以送人吗？”如果孩子不愿意，千万不要这样做，否则他会觉得父母不尊重他。

父母要学会倾听孩子说话，倾听孩子的意见，从孩子的角度思考，他们是怎么想的，他们容易接受的办法是什么，这样才能更好地满足孩子的需求。

归属感的需求

孩子希望得到父母的肯定和认同，希望能够清楚地认知自己在家庭中的地位。

在生活中，父母要为孩子适当提供机会，让孩子知道他也是这个家庭不可或缺的一员，能帮助父母做一些力所能及的家务，并给孩子一个亲吻或者说一些感谢、鼓励的话语。

渴望得到关注的需求

妈妈忙碌了一天，回到家开始准备做晚饭，正在客厅玩耍的宝宝看到妈妈便飞奔过来，缠着妈妈要求妈妈抱一抱。妈妈着急做饭，随即推开了宝宝，径直走向厨房，开始准备晚餐。

正在切菜的妈妈突然听到一声巨响，急忙跑向客厅，原来是茶几上的小鱼缸掉在了地上。妈妈生气地责备宝宝："你怎么回事？"宝宝一声不吭，但心里却想："妈妈一定是不爱我了，我只能用破坏东西来吸引她的注意。"

妈妈对宝宝的冷落让宝宝觉得妈妈对他的爱减少了，故而采用搞破坏的方式来吸引妈妈的注意力。

被肯定的需求

无论孩子的学习成绩如何，无论是否自信，父母一定要学会时刻激励他们、鼓励他们，增强他们的信心。

如果孩子学习成绩非常优秀，但是很胆怯，不敢在众人面前表现自己，就一定要学会信任并肯定孩子，告诉孩子他是最棒的、最优秀的，并告诉孩子，任何人都不能比拟其在父母心中的位置。

父母只有学会观察孩子的行为，了解他们真正的心理需求，才能更好地关注孩子、陪伴孩子健康快乐地成长，从而成为一名合格的父母。

第三章

CHAPTER 3

聪明且敏感的孩子：满足孩子的心理需求

让孩子拥有归属感

一名师大幼儿园老师曾经在报告中提到班里一些小孩子的特别表现。

班上有一个小女孩叫薇薇，妈妈把她送来幼儿园时，开始显得很怕生，十分抗拒幼儿园的新环境，不跟旁边的小朋友玩，也不听老师的话，将近一个月后才和邻桌的小朋友说话，一起玩。

像薇薇这样的孩子有很多，他们总是不愿意去幼儿园，父母为了哄孩子上幼儿园常常被弄得焦头烂额，好不容易软硬兼施地把孩子送去了，孩子却在幼儿园里不合群，父母为此伤透了脑筋。

孩子不合群有很多因素，最重要的还是孩子没有产生对幼儿园的归属感，不愿意离开爸爸妈妈待在幼儿园里。于是，孩子为了摆脱幼儿园，轻则像薇薇那样孤僻，拒绝接受幼儿园和幼儿园里的事物，被动防御，重则产生过激的行为。

心理学研究告诉我们，每个人都渴望有一种归属感，每个人都不愿意孤独，更害怕寂寞。人人都希望自己能够归属于一个或者多个群体——家庭、工作单位、某个协会、某个简单的小团体……人们会从这些群体中减少甚至消除那种孤独与寂寞，感受到温暖，获得爱与帮助。

美国密歇根大学研究人员的一项最新研究显示，缺乏归属感可能会增加一个人患抑郁症的风险。一个在集体中没有归属感的儿童，往往会产生压抑、不安、自卑等不良情绪，而一个具有归属感的儿童则能愉快、自信地与人交往。

如果父母能够帮助孩子建立归属感，并且拥有从周围的人和环境中获得归属感的能力，那么父母就帮孩子铺垫了自在放松的人生底色。

让孩子在家中拥有归属感

培养孩子的归属感，就要培养他对自己家庭的认同感。父母要试着寻找机会多跟孩子交流，主动分享孩子感兴趣的事情，让孩子对父母产生认同心理。你会发现，在某个瞬间，孩子突然对你敞开心扉。

父母还要偶尔给孩子讲讲自己家族的故事，让孩子了解自己与父母的渊源，对自己的家庭产生兴趣。凡是举行家族活动时，尽可能让孩子参加，不要因为孩子小不懂事，怕他给大人添乱，放弃让孩子融入大家庭的宝贵机会。

帮助孩子在学校培养归属感

学校是孩子成长的重要场所，培养孩子对学校的认同感十分必要。

第一，父母可以多支持孩子参加学校组织的一些大型活动，例如义卖会、音乐会等，让孩子在学校中找到归属感。

第二，平时多留意孩子的言行，当发现孩子有太多的独处时间时，建议孩子加入某个兴趣团体，避免孩子出现“孤独”的征兆。

第三，老师对学生要做到尊重，让每个孩子都觉得自己是班里的一员，每个孩子都有机会参与班里的事务，受到大家的重视。

如果孩子从小能从自己所在的幼儿园、学校获得归属感，那他们基本上就具备了从社会上获得滋养的能力和无论环境怎样都能让自己快乐的能力。这会帮助孩子成长为一个拥有社会属性的身心健康的人。

心理抚养课堂

父母关系和睦对孩子形成归属感有帮助吗？

父母之间要保持良好的情感关系，遇到问题时要通过沟通和平解决，营造和谐温馨的家庭氛围。当孩子感受到家庭的温暖与幸福之后，他的归属感也会慢慢地形成，并逐渐稳固下来。

如何让孩子尽快适应学校的生活？

父母要鼓励孩子在学校多结交朋友，要让孩子学会谦让、等待、合作等，这样既能造就孩子开朗的性格，又能在无形中让孩子学会勇敢面对挑战和挫折。

尊重是打开孩子心门的钥匙

月月上小学后，总是喜欢和邻居阿姨在一起聊天，心里话也总是愿意跟她讲，而不愿意和自己的妈妈讲。

“月月，你怎么总往阿姨家跑呢？”妈妈不满地问。

“因为阿姨和我是好朋友，她和我说话时总是喜欢蹲着，我喜欢她这样对待我。妈妈整天上班不在家，晚上回来还总是板着脸，太严肃，我怕妈妈。”月月回答道。

每个孩子都是一个独立的个体，都希望得到别人的尊重。很多父母像月月妈妈一样抱怨无法和自己的孩子建立有效的沟通与交流，其实，这是忽视了尊重是亲子交流的前提，没有尊重，一切交流都只不过是父母对孩子的控制和压迫罢了。

美国心理医生斯科特·派克在《少有人走的路》一书中写道：

真正爱孩子的父母都明白，爱孩子，就要尊重孩子，尊重他们的意愿和感受、尊重他们作决定的权利。

父母的尊重意味着重视、理解和鼓励，能让孩子对父母更加尊敬、亲近和信赖，也更愿意向父母吐露自己的心里话和接受父母的意见。反之，如果父母把孩子视为自己的附属物，要求孩子一切听从安排，动辄斥骂甚至殴打，久而久之，孩子的自尊心和自信心就会受到伤害，不再信赖父母，内心与父母越来越疏远。

当然，尊重孩子并不是一味地顺从孩子，而应追求尊重与要求的和谐统一。作为父母，要放下架子，把自己放在与孩子平等的位置上，努力寻求与孩子心理上的沟通与默契。爱孩子，尊重孩子，使他们从中感受到父母的爱和自身的价值，并由此学会尊重父母、尊重他人。

当10个月大的孩子试图自己吃饭的时候，父母可曾尊重他的想法？

当别的孩子索要他的玩具的时候，父母可曾尊重他对玩具的所有权？

当孩子说不冷，不穿外套的时候，父母可曾尊重他对冷暖的感觉？

父母是否曾毫无顾忌地当着他人的面羞辱孩子？

父母相信孩子有能力处理好自己的问题吗？

父母能否把犯错的权利还给孩子，而不是横加干涉、把自己的想法强加给他？

…………

在孩子面前，父母拥有绝对的权力，中国式的父母最擅长的便是扮演权威，“我吃过的盐比你吃过的饭都多”“我走过的路比你走过的桥都多”，曾犯过的错、走过的弯路，不想让孩子再犯一次、再走一遍，怀揣着这样美好的想法，父母一点点剥夺了孩子应有的权利和尊严。

所以父母要做到尊重孩子，不只是说说而已，而是要落实到以下表现上。

尊重孩子的独立人格和自我意识

孩子在两三岁时，自我意识逐渐形成，他们会提出“我自己来”“我自己做”的要求，并跃跃欲试地尝试着做每一件事，这是孩子心理发展到一定阶段的正常现象。可是许多父母生怕孩子做不好，总是包办代替，从而剥夺了孩子学习与锻炼的机会。当孩子什么也不会做或什么也做不好时，却又受到父母的指责与埋怨，这对孩子来说是不公平的。作为父母，应随着孩子年龄的增长和独立意识的增强，通过各种方式以实际行动给予孩子支持，把自由和独立还给孩子，让孩子自主选择，自由探索。

尊重孩子的物品

孩子的有些物品在父母看来是无关紧要的，甚至有些可以当作垃圾扔掉。但是这些东西在孩子的心中却有特定的意义，是他们的宝贝。因此父母在处理孩子物品时一定要谨慎，不要私自处理，否则会让孩子认为父母不尊重他们。

尊重孩子的隐私

很多父母认为，孩子是自己生的，所以就毫无界限地去侵犯孩子的隐私空间。让孩子在成长过程当中拥有他自己的空间和秘密，这是每个孩子长大的前提和保证，父母绝对不可以在没有经过孩子允许的情况下去偷看孩子的日记、微信和聊天记录等。因为父母肆无忌惮地侵入孩子的私人领地，会让孩子在长大之后被别人这样侵犯或侵犯别人时，潜意识中觉得理所当然。

同时，孩子有了秘密，还代表孩子有了独立思考的能力，他会产生许多只属于自己的思想，虽然这些思想有时不一定正确，但却深深地刻下了“我”的烙印。父母不可能替孩子消化食物，同样父母也不能替孩子思考。孩子自己探索生活的过程本身就是可贵的。

父母要学会主动认错

父母做错了事要及时向孩子道歉，让孩子的内心感觉到平等的待遇。父母总是用自己的错误标准来衡量孩子的对错，当孩子做错事情的时候，我们会严格地要求孩子思考为什么做错了，要孩子说对不起。父母不应该让孩子认为父母就可以为所欲为，孩子必须什么都听父母的。所以，为了孩子的心理健康，父母做错了事情就应该道歉。对孩子道歉不仅仅是对孩子的尊重，更是对自己的尊重，也是对自己教育方式的一种尊重。

父母的尊重与支持在孩子的成长过程中是至关重要的。只有感受到尊重，他们才会更加努力地去回报这份尊重，亲子之间的关系也会更近一步。

父母要改变观念，将孩子放在一个平等的位置，尊重他们的隐私和个性，少说伤害他们自尊的话，让他们快乐、自信地成长。

心理抚养课堂

为什么大家都说“人前不教子”？

在公共场合和人多的地方，不能严厉地批评孩子，要尊重孩子的情绪和尊严。

为什么孩子备受宠爱，却总是说自己不快乐？

现在的孩子受父母支配太多、指责太多，父母往往把自己太多的想法强加给孩子，强制性灌输给孩子太多的知识，剥夺了孩子游戏和自我探索的时间和机会。

让孩子有爱的体验

有对年轻夫妇单位离家远，每天早出晚归，每当他们回到家中时，孩子已经睡着了。为此他们感到很内疚，双休日给孩子买来爱吃的食品和玩具，可是孩子又砸又摔。爸爸看到儿子如此“无理取闹”，气急了就狠狠地打他的屁股。可这时孩子却静静地趴在爸爸的腿上任其打，并有一种奇特的满足感。殊不知，这正是孩子长期得不到亲人的爱抚与触摸，感情营养失调而产生的变异现象。

孩子在成长过程中需要糖、蛋白质、脂肪和维生素等各种营养物质，父母为了孩子的健康成长也尽最大努力为孩子补充各种营养素。然而孩子不光需要物质上的营养品，还需要另外一种特殊的营养物质——对孩子爱的表达。

科学研究显示，如果孩子能够得到妈妈更多的拥抱和抚摸，那么孩子长大后就会遇事不惊、沉着冷静，并善于调节自己。妈妈的关爱为何会与孩子今后的个人素质产生如此神奇的关系呢？其中的奥妙便是拥抱和抚摸会让孩子大脑中的激素水平明显不同，抚摸会使体内的“压力激素”水平降低。这就是触摸与爱抚的神奇作用，专家解释说，触摸能刺激孩子体内分泌更多的激素。此外，触摸还能促使身体分泌另外一些激素，这些激素可以促进营养成分的吸收，使孩子保持良好的身体状态。

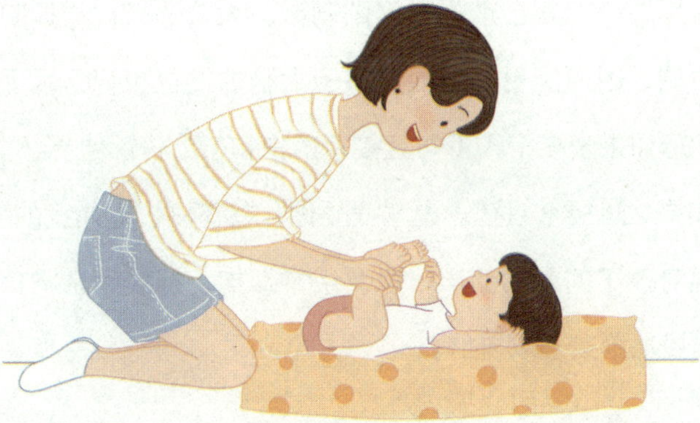

美国教育家德瑞克斯指出：

作为父母，我们都本能地爱自己的孩子。孩子的成长依赖父母给予的爱。

爱孩子，一定要告诉他

心理学家研究认为，人类和其他所有热血动物一样具有一种天生的特殊需求，即互相接触和抚摸。孩子这种天然的感情需要，若能从触觉上给予适当的满足，他们与父母的感情就会更加深厚，心理就会产生良好的刺激，大脑的兴奋与抑制也会变得协调，因而能更好地促进孩子大脑的发育和智力水平的提高。父母如果爱孩子，不妨直接用语言和行为告诉他。

如果父母经常对孩子说“我爱你”“真高兴,你是我的宝贝”等体现对孩子的爱的话语，以及经常拥抱、抚摸和亲吻孩子，就会慢慢地给孩子以自信。

给孩子无条件的爱

无条件的爱是指父母没有附加任何条件地爱自己的孩子，把孩子视为世界上独一无二的生命个体而给予他们关爱、陪伴、赏识、信任、尊重、理解、支持、接纳、包容等。

无条件的爱是懂得家教的父母基于人性之美和人文情怀展现出来的对孩子的共情。无论孩子听话还是调皮，无论孩子带来荣耀还是麻烦，父母对孩子的爱始终在那里，始终不变。无条件的爱是真爱，真爱永远是无条件的。

而有条件的爱是指带有附加条件的爱，父母爱孩子的前提是孩子必须满足父母预先设定的标准和要求。具体来说，有条件的爱是基于孩子的成绩与表现，成绩好、表现好的孩子就可以得到父母的表扬、奖赏、礼物或者其他特权。父母有条件的爱不利于孩子安全感和归属感的建立，还阻碍孩子人格的健康发展。

比如，昨天因为语文考了高分而被父母夸上了天的孩子，今天因为数学成绩不理想而备受父母的责骂，成了父母眼中不名一文的“差生”。

对于孩子来说，恰恰在失意之时他们更需要父母的理解与爱。对于父母来说，也恰恰在孩子失败之时，父爱如山与母爱似水更得以彰显。

让孩子学会表达爱

爱是相互的，父母爱孩子就要把自己的爱以适当的方式传递给孩子。让孩子学会表达爱也是爱孩子的一种方式。

现实生活中，很多父母有这样的困惑：为什么我为孩子做了那么多，孩子却没有心存感激呢？孩子不感恩有很多原因，妈妈可以试图让孩子学着爱人，给孩子表达爱的机会，让孩子渐渐明白父母是如何爱自己的。

为此，父母一方面要引导孩子表达爱，另一方面要对孩子的爱给予积极的回应，使孩子感到他们的爱是父母生活中的一种力量。比如，孩子的爸爸过生日，妈妈可以与孩子一起为他精心准备礼物，做一顿丰盛的美食，孩子可以从中学习如何表达爱。爸爸感动于母子二人的爱心，流露出激动与喜悦，会使孩子得到鼓励和信心。

英国教育家夏洛特·梅森认为：每个孩子心中都有爱的源泉，它唯一的事情就是流淌。父母这方则要保持体贴、友好、感恩、孝顺、奉献这些渠道不封闭、不阻塞，而且永远向前流动。让孩子感觉到他们每一次爱的流露所创造的喜悦，从小在家庭中培养感恩之心。当孩子学会对父母心存感激之时，才会把这种情感扩大到他人与社会。

心理抚养课堂

无条件的爱与溺爱如何区分？

父母对孩子的爱是无条件的，但不代表放纵、不代表溺爱；温柔要有边界、有规矩、有原则、有底线。

如何让孩子感受到父母的爱？

除上面介绍的爱抚和语言表达之外，父母还要舍得花时间跟孩子游戏、闲谈和共度时光，让孩子经常享受到亲情的陪伴。

帮助孩子获得成功感

一位妈妈从儿子很小的时候开始，就给儿子准备了一个“成功箱”，里面装进了孩子点点滴滴的成就和进步。“成功箱”里的第一件东西是儿子1岁时画的一幅画，一条弯弯曲曲的直线上勾了几个不规则的圆圈，那是一串冰糖葫芦。儿子上幼儿园了，妈妈为他制作了一个成功表，儿子的每一个进步都用象征性的东西贴上去。如今，儿子的“成功箱”已装不下了。

让孩子获得成功的体验很重要，特别是对于那些很少有成功机会，并且有自卑感的孩子来说，成就感更是必不可少。

但是，并不是孩子想成功就能取得成功，也并不是孩子做什么事情都能取得成功。对于很少获得成功的孩子，父母要去发现孩子的特长、兴趣，尝试着让孩子去做他擅长的事情或者感兴趣的东西，这样孩子就会比较容易在某些事情上取得成功。

美美是个内向的女孩，妈妈对美美的这种性格不是很满意，认为她做事总是慢吞吞的，而且见到陌生人也不像其他小孩那样表现得活泼可爱，因此妈妈总是试图去改变她的性格，带着她去学跳舞、学唱歌，但是美美常常因为羞涩扭捏受到妈妈的批评。

忽然有一天，美美从幼儿园拿回来一张奖状，妈妈甚至不敢相信，自己家那个无论做什么事情都退缩的孩子也能得到奖状。美美高兴地对妈妈说：“妈妈，这是我在幼儿园的‘打扮布娃娃’比赛中赢来的。大家都说我打扮的布娃娃最好看！”看着女儿神采飞扬的样子，妈妈陷入了沉思。

后来，妈妈不再逼迫女儿去学习看起来外向活泼的歌舞了，而是经常陪着她拿针线给娃娃缝衣服或者跟她一起做小手工。美美每完成一件作品都非常开心，拉着妈妈蹦蹦跳跳。后来妈妈还和小区里的家长们组织了一次手工制作比赛，美美最终赢得了第一名。妈妈还给幼儿园提建议，举办了一次“变废为宝”的大赛，美美设计的“塑料时装”也赢得了大家的好评。看着美美变得越来越自信，妈妈的心里感到很欣慰。

尊重孩子的独特性

父母要尊重孩子的独特性。每个孩子都是一个独特的智慧组合，他们都有适合自己的最佳模式。孩子都有各自不同的优势智能，这种优势表现在不同的领域。忽视或不欣赏孩子的独特性，是父母在教育孩子的过程中经常会出现的一种失误。很多父母会对孩子的感情需求和意见充耳不闻，常常会对孩子的意见采取轻蔑或粗鲁的态度进行驳斥。令人不安的是，许多父母对孩子所有的事情都一手包办，他们希望孩子的一切都能符合自己的要求，一旦孩子没有达到自己的要求，他们就会指责孩子，“你太笨了”“你怎么什么都干不好”等。时间长了，孩子就会逐渐丧失自信心，自卑感渐渐在孩子的心里生根发芽。

每个孩子都有自己擅长的东西，父母要在尊重孩子独特性的基础上，帮助孩子去体验成就感，成就感会激发他们做事情的兴趣，同时也会激起他们争取更大成功的欲望。

因此，父母要尽量创造条件让孩子取得成功。成就感是在一次次取得成功的基础上发展起来的，孩子屡次失败后会丧失信心，并对自己的能力产生怀疑。因此，无论孩子学什么、做什么，都要为之创造条件，耐心引导。切忌冷嘲热讽，伤害孩子。

孩子的自信心建立起来之后，父母要鼓励孩子勇于涉足新领域，敢于去尝试没有做过的事情。父母经常会因为爱子心切，习惯于去责怪和禁止孩子的冒险行为："太危险了！""那可不能去！"实际上，这种责备和禁令在孩子的成长过程中有害无益。

帮助孩子总结经验教训

如果孩子做一件事情失败了，父母可以帮助孩子想想哪些地方存在不足；重新做时应怎样改进会做得更好，使孩子的聪明才智得到更好的发挥，并且为孩子接下来的尝试打下基础。

父母应该给孩子多一些正面的鼓励，或者一些积极的心理暗示，从而使孩子增强自信，相信自己一定能行。孩子的积极性、自信心增强了，把事情做成功的概率就提升了，孩子因此才能享受到成功的喜悦。

心理抚养课堂

如何让不自信的孩子体验成就感？

父母可以给孩子安排一些简单的事情，让孩子能获得成功的体验，从而增强孩子的自信心，使孩子面对各种事情时不再害怕、退缩，而是勇敢上前、大胆尝试。

如何克服孩子的骄傲情绪？

对于各方面能力都比较强的孩子，父母应该尽量安排一些复杂的事情让孩子去做，这样孩子就不会事事都能成功，这样不但锻炼了孩子的能力，同时还能去除孩子骄傲自负的心理。

你信任孩子，孩子就信任你

丝丝在 2 岁的时候，有一次吃饭，不小心把碗摔碎了。丝丝十分惊恐，“哇”的一声哭了。妈妈安慰丝丝说：“没关系，我们一起收拾碎片。”丝丝跟妈妈一起清扫了碎片后，妈妈又给丝丝拿了一个碗，丝丝非常开心，十分小心地把碗放到桌子上，还用手护着碗不让它掉下去。从那以后，丝丝就很少打破碗了。

孩子小的时候好动，拿东西拿不稳，不能掌握轻重程度，于是许多家庭害怕孩子吃饭时打破碗，便给孩子准备一个打不破的专用碗。然而丝丝的妈妈却反其道而行之，给孩子一个可以打破的碗。

如果父母因为孩子打破了一只碗就不再信任孩子，不给孩子使用瓷碗，那么孩子会感受到父母对他的不信任，他会觉得自己只会给爸爸妈妈添乱，损坏爸爸妈妈的东西，自己什么事也做不好。孩子的世界观还未发展成熟，会从爸爸妈妈的行为和对自己的评价中定位自己，久而久之，孩子就会因为这种不被信任的感觉怀疑自己，变得不自信。那些平时用不锈钢碗或者塑料碗的孩子很容易打碎碗，因为他们的父母不信任他们，没有给他们用过瓷碗，令他们没有“陶瓷易碎”的经验。

孩子有着巨大的潜力，事实证明，很多事情孩子能够做到，只是父母不相信孩子，没有给孩子足够的机会。

给孩子一个可以打破的碗，不仅仅是锻炼孩子的肢体动作，更重要的是让孩子得到父母的信任，变得有自信。不过，父母的信任不是盲目给的，当孩子做某些可以预见可能产生危险后果的事情时，父母一定要事先检查，排除可能伤害到孩子的隐患，尽可能地避免危险发生。比如让 3 岁的孩子收碗，一定要保证地面不潮湿，孩子的鞋是防滑的，挪开周围的障碍物，以防孩子摔倒撞伤。

鼓励孩子大胆尝试

父母应该让孩子做一些能让他觉得体现自身价值的事情，不要刻意保护孩子。怕这怕那，会硬生生地剥夺孩子宝贵的学习机会，容易让孩子否定自我。如果父母对孩子多一点信任和鼓励、少一点打击和否定，会让孩子更愿意去尝试，并且更容易获得成功。

有位妈妈讲过这样一件事情：

刚开始为豆豆换幼儿园时我和豆豆爸爸都很紧张，唯恐豆豆说不喜欢这个幼儿园，要回老幼儿园，为此豆豆爸爸还做了两手准备，和豆豆的老幼儿园商量好不行再回来。为了让豆豆放心，豆豆爸爸耐心地告诉豆豆，转到新的幼儿园了，你还可以再回来看你的好朋友和老师，5 岁的生日我们特意为豆豆安排了老同学专场，而且保持和老幼儿园的关系，继续参加老幼儿园的一些活动。

开学第一天，豆豆嘴里说不愿意上学，但路上却一直在练习写自己的名字，因为新幼儿园的要求上有这项，豆豆爸爸看在眼里，眼泪都快掉下来了，说孩子换幼儿园的压力一定很大，看豆豆的表现就可想而知。

到了幼儿园，豆豆就像完全变了一个人，找到写有自己名字的座位，拿着桌上早已准备好的画笔就画了起来，对我们说：“你们放心走吧，我没问题。”

放学的时候，我们一起去接豆豆，豆豆说：“这个幼儿园的活动很有趣，我喜欢这里。”我和豆豆爸爸明白孩子是在安慰我们，看到豆豆白衬衫的扣子有两个松开了，我们心里明白他对新的环境一定是有些紧张，用手摆弄扣子，所以扣子才会开的。这样的情况持续了几天，后来就再没有发生，现在豆豆已经完全适应了新幼儿园的生活。

经过半个多学期的时间，豆豆学到了很多知识和技能，变得越来越独立，对我们的选择也非常感激，有时还会对我们说："谢谢爸爸妈妈为我选的新幼儿园，我真的好喜欢。"爸爸问："当初你同意到新幼儿园试试，是不是出于对爸爸妈妈的信任？"豆豆点头答是。

孩子面对没有尝试过的事情时，因为不太确定，会拿不定主意，十分害怕。但是信任爸爸妈妈的孩子会在爸爸妈妈的鼓励下答应尝试，因为孩子知道爸爸妈妈真心爱他，会为他好，他也知道爸爸妈妈不会强迫自己做自己不想做的事。出于对爸爸妈妈的信任和尊重，孩子会很愿意尝试新事物，也很听话。你信任孩子，孩子就信任你，信任是相互的。

信任本身会产生一种巨大的力量，能使人产生强烈的自信心和责任感，不断克服前进路上的重重阻碍，充分发挥潜能，直至抵达成功的顶点。对于孩子来说，父母是对他们最重要的人，父母的信任是孩子获得自信、自尊的源泉，也是他们正确认识自己的途径，要想孩子获得最好的成长，就要放手让孩子去尝试、去实践、去获得。

信任孩子的选择

1631 年，英国剑桥商人霍布森从事马匹生意，他对人们说："你们买我的马、租我的马，随你的便，价格都便宜。"霍布森的马圈很大，有很多马匹，但是马圈只有一个小门，高头大马出不去，出去的都是瘦小的马，买马人左挑右选却只能选择瘦马和小马，因为霍布森只允许人们在马圈的出口处选。

后来人们为了讽刺霍布森，把这种没有选择余地的选择称为"霍布森选择"，也就是说，做选择的人无法通过自己的对比和判断来主动进行选择，而只能被动地去接受那些没有选择余地的选择。

在孩子的教育方面，这种霍布森选择效应也经常可以见到。一些父母总是高举着"父母当家，为儿女做主"的旗帜，强迫孩子按自己的意愿来做。实际上，每个孩子都有自我管理和选择的潜在能力，父母给予孩子的机会越多，孩子就会成长得越快、越健康。

谢军是世界闻名的国际象棋大师，她能够取得今天的成就，与她的父母给她自主选择的机会有着密不可分的关系。

1982 年的时候，谢军才 12 岁。在她小学快毕业时，面临着是升入重点中学还是继续学棋这两条路。面对这两个选择，谢军真是左右为难。是按妈妈的意愿，将来进高等学府继续深造，还是当国际象棋运动员呢？继续深造是父母的期待，但下棋同样难以割舍。

后来，妈妈叫来了女儿，对她说："谢军，告诉妈妈，你是不是很喜欢下棋？"这是母亲对女儿未来选择的提问，也是对女儿命运的提问。谢军听了妈妈的话，抬起头来严肃地看着妈妈的眼睛，坚定地说出了 7 个字："我还是喜欢学棋。"

得到女儿的回答后，妈妈同意了谢军的选择，但是她又极其严肃地对女儿说："好，既然你喜欢下棋，爸爸妈妈都支持你！但是你要记住，下棋这条路是你自己选择的。既然你做出了这个重要的选择，今后你就应该负起一个棋手应有的责任，如果中途遇到困难也决不能轻易放弃，或者为今天的选择后悔。"

谢军点了点头，最终她坚持了自己的选择，并成为一名世界著名的国际象棋大师。

生活中，像谢军父母这样民主的家长并不多，大部分父母在孩子的衣食住行上倾尽全力，但却经常忽略孩子的理想、人生规划等精神层面的问题，最终导致孩子陷入“霍布森选择”的陷阱中。

一天，冰仔兴冲冲地把新借的书交给妈妈。这是一本关于颜色的英文书，书很漂亮，不过对冰仔来说过于简单。妈妈看到这本书有些失望，但妈妈的脸上没有表现出不快来，还是带着孩子开开心心地回家了。

结果回家之后，孩子兴奋地站起来说：“我要做小老师，把这本书中的知识教给妈妈！”

结果全部过程中他的语言使用完全超出了书中那几个简单的单词，甚至有些很难的物品单词妈妈都不会，还是从儿子那里学到的。

父母的角色应当是孩子背后的守护者和指导者，而不是孩子人生的规划者和领导者。信任孩子，给孩子空间，让孩子自由选择自己的人生，并且陪伴他成长，才是父母给孩子最好的、最正确的爱。

心理抚养课堂

父母在日常生活中如何体现对孩子的信任？

在日常生活中多给孩子做选择或决定的机会。比如孩子到商店买什么衣服、选择什么玩具、送给朋友什么礼物等小事，可以让孩子自己做决定。

如何把握信任和放任之间的度？

信任是建立在规则和规矩的基础上的，父母要让孩子知道哪些事能做、哪些事不能做，哪些事危险必须坚决制止。就是说父母给孩子的选择必须与孩子的智力、能力发展水平相适宜。

孩子需要朋友，更需要交际

这天，齐齐从幼儿园回来后一声不响，问他也不说话，妈妈还以为齐齐生病了。这时幼儿园老师的电话打来了，老师说，今天给班上的小朋友们做了一个小测试，请每一个小朋友挑选出最喜欢一起玩和最不喜欢一起玩的三个小朋友。根据记录，齐齐有三次是被拒绝的，这说明齐齐的同伴交往能力还需要培养。齐齐的妈妈有点纳闷儿，孩子也需要培养交往能力吗？

孩子和大人一样，都需要与他人进行良好的交往。不管孩子年龄多大，这种需求一直是存在的，并且随着年龄的增长，他们渴望更广阔的交际天空。也只有在这种交际互动中，他们才会表现出自己的技能，然后认识、评价自己。这对他们的个性、情感、智力的发展都有重要的作用。

现如今，家庭中孩子往往较少，他们没有更多兄弟姐妹可以交流，大多数时间是在屋里孤独地面对电视机、平板电脑，与同伴交往合作的机会非常少。他们最主要的社会交往就是跟父母等长辈和老师等成人之间的交往，而有时爱会让这种交往变成一种不平等的交往。

父母等长辈的溺爱会让孩子变得任性、霸道、以自我为中心，喜欢用暴力解决问题；父母等长辈的包办代替会让孩子逐步形成依赖性格，事事都会需求大人的帮助。而父母等长辈对孩子的过度保护，也会让孩子失去更多与同伴交往的机会，这会让孩子的性格变得孤僻，甚至丧失与他人交往的能力。孩子缺少和同伴之间的平等交往的机会，天真活泼的童心受到抑制，往往会形成“自我中心”“自私”“暴力”“孤僻”等性格特征，这会极大地影响孩子今后的发展。

强强放暑假了，每天妈妈回家都会问他：“宝贝，今天出去玩了没有？”强强都会摇头，时间长了，妈妈有些担心这孩子是不是太孤僻了。

趁着自己休息的时候，妈妈带着强强下楼来到小区广场，这里有许多与强强同龄的孩子。孩子们自发地做着游戏，玩得非常开心。但无论妈妈怎么劝说，强强都不和其他小朋友玩，还说：“妈妈，我对他们不熟悉。”妈妈一惊，看来以前没有意识到，强强太缺乏与人交往的能力了。

对孩子来说，不会与人交往会影响他们去适应新环境，阻碍他们对新知识的汲取，孩子长大后也很难与人相处，难以适应社会。父母应该细心观察孩子的言行，有意识地培养孩子的社会交往能力。

帮助孩子尽快自立

在发展孩子社会能力的过程中，自立和社交能力是相辅相成的。自立是孩子走向社会的前提，孩子首先在照顾自己的实践中学会克服困难，有了一定的自信心和自制力，成为自己生活中的强者，才能产生帮助别人及与他人协调关系、共同创造生活的愿望。为此，父母要注意对孩子自立能力的培养。

父母可以根据孩子年龄的不同，适当地增加一些要求。如先教会孩子自己吃饭、洗脸、穿衣、穿鞋等，再慢慢地过渡到要求孩子自己会玩、创造新玩法、帮助别人等。这样，孩子在与小伙伴玩耍时才能适应；否则，即使自己的孩子想与别人玩，别的小伙伴也不会乐意跟他玩的。有些难做的事情只要是安全的，即使会失败，但只要孩子有要求，也要鼓励他去尝试，以此磨炼孩子的意志。大人的事也可以请他“帮忙”。

培养孩子合作的能力

父母可以交给孩子一些一个人难以完成的任务，鼓励孩子与别人（不包括父母）一起合作完成或者与父母一起完成，增加孩子与别人交际的机会，让孩子明白一个人的力量是有限的，进而体会到合作的乐趣。

鼓励孩子多参加集体活动

父母应该鼓励孩子多参加一些集体活动，让孩子从小就生活在同龄孩子的群体之中。孩子在与同龄人的相处过程中，会彼此教会怎么玩游戏、怎么相处。而在家里，父母可能会处处让着孩子，可是在集体活动中，就需要平等地相处，这样也有利于帮助孩子克服一些缺点。

“学会共处”是21世纪教育的“四大支柱”之一，孩子在儿童时代能学会与他人友好相处，善于创设良好的人际关系，是父母对孩子进行终身教育的重要内容之一。一位成功学专家曾说：“所有成功的人之所以成功，是因为他的人际关系非常好。”因此从小培养孩子的人际交往能力，是父母应该重视的一个重要问题。

心理抚养课堂

如何克服孩子的怕生、羞怯心理？

父母应该想办法引导孩子开口说话。比如可以和孩子一起去市场或超市，让孩子付款，这样无形中孩子就会和收款人形成一种社会关系。

如何帮助孩子在交际中理解他人的感受？

在生活中教孩子观察他人的感受，让孩子能够识别开心、伤心、生气、骄傲、沮丧等情感。

孩子的成长需要赏识和肯定

一位母亲去参加孩子小学的家长会，老师说：“你的孩子只考了40名，可能智力上有问题。”

母亲也知道，孩子的学习比较吃力，但她对孩子说：“老师表扬你很努力，说只要你坚持下去，下次很有可能进入前38名。”

母亲去参加孩子初中的家长会，老师说：“你的孩子并不优秀，考上重点高中很有危险。”

母亲也知道，孩子尽管很努力，不过他并不聪明，但她对孩子说：“老师鼓励你，说你只要努力，考上重点高中很有可能。”

高考后，孩子被一所重点大学录取。孩子大哭起来，一边哭一边对妈妈说：“我知道我不是一个聪明的孩子，可是你却赏识我。尽管那是骗我的话，但我还是喜欢你说，因为它是我学习的动力。”

尽管这个故事具有童话色彩，但我们应相信，即使没有如此美好的结局，这位母亲仍会赏识孩子，使孩子有着前进的动力，生活在幸福当中。

孩子的心灵像干枯的小苗，渴望被肯定，渴望得到积极的评价。有的父母担心一味地肯定孩子，会使孩子禁不起批评和挫折，会令孩子很在意别人怎么看自己，结果影响了孩子的发展。这些父母之所以产生这种想法，是因为他们没有把鼓励和表扬区别开来。

鼓励与表扬有很大的区别。表扬是把注意力放在孩子身上，而鼓励是注重孩子所做的事情以及得到的满足感和成就感。有些父母认为鼓励就是说好听的，或者是简单地戴高帽子。其实，这样做往往会引起孩子的反感。

琳琳已经上小学五年级了，她曾经对好朋友说过这样一件事：爸妈不在家的时候，她一个人把家里打扫得干干净净、把家具收拾得整整齐齐的，她想给妈妈一个惊喜。妈妈一回来，高声说："我太爱你了，你很自觉嘛！"一听这话，她觉得扫兴极了，马上说了一句："真没劲！"

琳琳为什么觉得扫兴呢？因为她得到的只是诸如"自觉"这样干巴巴的表扬。她认为：妈妈之所以爱我，是因为我打扫了房间，如果我没有这样做，她还会爱我吗？

从长远来看，孩子可能由此得出这样的结论：自己的价值完全依赖于自己怎样做才能满足父母的要求，怎样努力才能得到别人的表扬；只有得到了表扬，个人的价值才会提升。孩子长大成人后，会很在意别人的看法，适应社会的能力很大程度上也取决于他人对自己的评价。然而，真正的幸福不是依靠别人的关注得到的，而是产生于自信，而孩子的自信来自父母、老师的鼓励和肯定。

父母鼓励的真正价值在于，当孩子痛苦或迷茫的时候，父母能够适时给予温暖，并正确地引导孩子。有了父母的鼓励，孩子本来做不好的事情也会在父母的关爱之下做好，而本来可以做好的事情也一定能做得更好。

激励孩子积极向上的 6 句话

孩子在受到赞赏鼓励之后，会更有积极性，会在学习上更加努力，会把事情做得更好。

1. 你将会成为了不起的人！

2. 别怕，你肯定能行！

3. 只要今天比昨天强就好！

4. 你的自律性越来越好了！

5. 你一定会成为人生的强者！

6. 你是个勤奋的孩子，成绩一定会赶上去的。

使孩子充满自信的 7 句话

自信心是人生前进的动力，是孩子不断进步的力量源泉。因此，父母在教育孩子的过程中，一定要重视对其自信心的培养。

1. 孩子，你仍然很棒。

2. 孩子，你一点也不笨。

3. 告诉自己："我能做到。"

4. 我很欣赏你在 ×× 方面的才能。

5. 我相信你能找回学习的信心。

6. 你将来会成大器的，好好努力吧。

7. 孩子，我们也去试一试？

鼓励孩子自立自强的 11 句话

一个人的成功离不开自立自强的奋斗精神。可是现如今很多孩子在父母过分的呵护和娇惯之下，非常缺乏自立自强的意识。

甚至有些孩子，除上学读书之外，生活中的事他们一概不知，甚至连自己的鞋带都系不好。这样的孩子将来走上社会，怎么会成功呢？

因此父母一定要对此有个清醒的认识，尽早鼓励孩子自立自强，培养他们不软弱、不撒娇和自己的事情自己做的良好品性。

1. 你想做的事情，由你自己决定。

2. 自己去做吧，不要依赖别人。

3. 你可以锻炼一下自己嘛。

4. 路是自己选的，就要对自己负责。

5. 你大胆去锻炼一下不是很好吗？

6. 拿出男子汉的勇气，大胆去做。

7. 能够管住自己是你将来成功的保障。

8. 你自己解决这个问题吧。

9. 跌倒了，要自己爬起来。

10. 你可以自己走路去上学。

11. 由你去交钱，好吗？

用赏识的眼光看待孩子，是父母送给孩子最好的礼物，父母若期望孩子成人、成才、成功，最佳的办法就是：永远做孩子的欣赏者，肯定孩子的成功，培养孩子的自信，欣赏孩子的才华。

心理抚养课堂

如何区分鼓励与表扬？

鼓励孩子，并不是简单地表扬，而是用一种积极乐观的心态去面对孩子，看得起孩子。孩子若能感觉到父母因为他而快乐，会受到很大的激励。

肯定孩子是否意味着忽视孩子的缺点和错误？

肯定孩子，并不是容忍孩子的缺点和错误，更不是盲目地溺爱，而是指导和鼓励。

第四章

CHAPTER 4

心理抚慰：父母是最好的心灵导师

孩子要上学了，如何克服分离焦虑

3岁多的小翔在刚上幼儿园的这几天，每天都会在幼儿园门口和妈妈进行一场“战斗”。一到幼儿园的门口，小翔便马上抱住妈妈不松手，号啕大哭，不让妈妈走，怎么哄也没用。最后妈妈趁着孩子不注意时悄悄溜走了。

小翔回家之后就开始发脾气、哭闹，第二天说什么也不愿意去幼儿园了，并且不让家里人提起上幼儿园的事。

其实，很多刚上幼儿园的小朋友都会出现类似的表现，这就是心理学所说的“分离焦虑”。分离焦虑是儿童在和照料者分开时出现的一种焦虑体验，不同的儿童分离焦虑的程度和表现形式各不相同。有的孩子可能表现为情绪行为的爆发，如哭闹、踢打他人、摔东西等；有的孩子表现出回避行为，如回避和老师、小朋友的交流，拒绝参加活动；有的孩子表现出躯体不适的症状，如头痛、肚子疼等；有的孩子还会出现睡眠问题，如入睡困难、做噩梦等。8~9 个月到 7 岁的孩子都可能会出现分离焦虑，3 岁左右的孩子则比较常见。

孩子在上幼儿园时，之所以会出现分离焦虑，是缘于孩子缺乏安全感。一方面，孩子担心被父母抛弃；另一方面，孩子原本的生活习惯和规律被改变，所去的是新的环境、看见的是新的面孔，所以非常缺乏安全感。

对孩子来说，自己需要具备一定的独立和自理能力，不能像在家里，什么事情都有父母照顾。孩子要学会自己吃饭、喝水、穿脱衣服、上床睡觉、上厕所、遵守幼儿园的规则……这对于两三岁的孩子来说，会感到一种挑战和压力。

所以，父母要帮助孩子克服分离焦虑症，使他们顺利度过心理断乳期。

父母首先要稳住自己

面对孩子即将进入幼儿园，父母总是各种担心，各种舍不得……很多父母比孩子更紧张、更焦虑。情绪具有感染性，父母的焦虑会传递给孩子，让孩子的焦虑症状更严重，情绪稳定的父母才能成为孩子的安全港湾。

同时，父母应该承认孩子因为和家人分开而存在担心，不要轻视孩子的焦虑情绪，不要对孩子说“上幼儿园没什么大不了的”“你看 ××，他上幼儿园就没有哭”等。

处理好孩子的情绪之后，还要和孩子一起探索克服焦虑的方法，并不断地进行练习。可以假设不同的情境进行探索和练习，例如，在幼儿园想妈妈了怎么办，或者想和小朋友玩但是有点害怕怎么办等。通过这样的练习，不仅能帮孩子学会应对分离焦虑的方法，还能增强孩子的自信心。

形成新的依恋关系

分离焦虑主要是孩子失去了所依恋的人，出现了不安全感。要让孩子不产生焦虑，适应父母不在场的环境，就要让孩子与老师建立新的依恋关系。父母平时要对孩子多夸奖老师的和气、漂亮；告诉孩子老师会讲很多故事，会唱歌，会带你们做游戏；在送孩子入园和接孩子回家时，可以刻意地在孩子面前与老师友好地交流，让孩子觉得老师是爸爸妈妈的好朋友。

孩子回到家里后，父母要问一问孩子在幼儿园是怎么玩的，不要带任何的暗示，要让孩子凭自己的理解表达出来，父母再以很夸张和惊讶的表情说“幼儿园这么好玩，有那么多小朋友和玩具，还有老师爱你们、和你们做游戏，妈妈都想上幼儿园了”，这样就可以激发孩子上幼儿园的兴趣。

注意对孩子生活技能的培养

焦虑的产生有时还因为孩子的生活自理能力差，在幼儿园需要自己动手的事情不会做，尤其是在吃饭和睡觉的时候，自然也就想起妈妈了。所以在孩子入园前，父母应该给予孩子生活技能上的指导。如：要求他坐在桌子旁自己吃饭，不能在吃饭时随意走动等；指导孩子试着在大小便前后自己脱、提裤子；自己洗手，自己睡觉，认识自己的物品等。

父母还可以通过讲述自己童年在幼儿园度过的美好时光，以及发生在幼儿园阶段的童年趣事，告诉孩子自己那时候是怎么度过这一段时间的，让孩子觉得即便是到了新的环境，还是可以过同样有趣的生活，这让孩子觉得未来所期待的都是新鲜的、美好的。

心理抚养课堂

第一次送孩子去幼儿园有什么注意事项？

孩子上幼儿园那天，只需要一个人送就可以，不要全家出动，这样只会让孩子更紧张、焦虑。

孩子入园后，很多父母都躲起来偷偷观察，这样好吗？

当孩子入园后，有的父母陪着孩子不愿意离开，或者即便离开后，还一直舍不得走，甚至躲起来偷偷观察孩子，等孩子一哭就马上跑回来抱孩子，这样做反而会让场面失控，让孩子更焦虑，从而更加不愿意上幼儿园。

“孩子，不怕”：帮助孩子克服恐惧心理

下雨了，妈妈给4岁的明明穿上雨衣，送他去幼儿园。明明高兴地跑在前面，忽然发出一声尖叫，站在那里不敢动了。妈妈跑过去一看，原来路上有条蚯蚓。妈妈对明明说：“蚯蚓是益虫，不会伤害人，来，你碰碰看。”明明连连摆手说：“不要，我害怕！”妈妈说：“不用怕，你是男子汉，还害怕一条小虫子吗？”在妈妈的鼓励下，明明小心翼翼地把蚯蚓捏了起来。“宝贝真勇敢！”在妈妈的夸奖声中，明明高兴地笑了。

每个人都可能有过恐惧的体验，成人大多能从容对待，而对于婴幼儿或学龄前期的孩子来说，有时就会有些困难。因此，父母有责任帮助孩子克服恐惧感。儿童恐惧的内容随着年龄和知识的增加会有所不同。

6~10 个月的婴儿害怕陌生人。陌生的面孔会使婴儿感到不安。8~12 个月的婴儿最怕被遗弃，他们并不明白消失的父母很快会回来，所以这一阶段父母应避免长时间与孩子分开或忽然不辞而别。

2~3 岁的孩子很可能害怕黑暗和蒙上布的脸。这时的孩子已能观察他人的面部表情，当这些表情变化消失时，他们就会感到不安。4~5 岁的孩子害怕野生动物、电闪雷鸣。7~10 岁的孩子害怕社会交往、身体受伤害，等等。

恐惧、害怕是人类为了躲避伤害而表现出的自我防御反应，它不是一种不良的行为习惯，所以，当孩子表现出胆小畏惧时，父母不用过于担心。许多时候，随着年龄的增长，恐惧会逐渐消失，并不影响孩子的生活、行为与社会活动。但如果孩子的恐惧心理过度强烈，以致影响他正常的生活，就需要进行必要的干预，及时引导，帮助孩子克服直至消除恐惧。

父母应细心观察，找出孩子产生恐惧的原因，并帮助他们消除恐惧，从而培养孩子的自信心和勇气。

及时注意孩子的异常行为

比如孩子被哪个小朋友欺负了，可能就不喜欢甚至害怕和哪个小朋友玩，而如果父母不了解，还让孩子跟那个小朋友玩，孩子就会产生更深的恐惧。

父母如果及时跟孩子分析小朋友欺负他的原因（可能是无意的），同时教导孩子不再被欺负的方法，孩子就可以理解小朋友的这些行为，同时也敢面对恐惧。

承认孩子的恐惧感

孩子害怕的东西在父母看起来可能很傻，也没有道理，但对他来说，却非常真实、严重。在孩子告诉父母他害怕的东西时，比如他说床底下有妖怪，父母尽量不要嘲笑或呵斥，要让他知道父母明白那种害怕某个东西的感觉。

如果父母表现得让孩子非常放心和安慰，孩子会明白感到害怕并没有什么，但最好是去战胜它。

比如孩子害怕小狗，父母与其说“好啦，小狗不会咬你的，没什么好怕的”，不妨告诉他“我知道你害怕小狗。我们一起从它旁边走过去，好不好？要是你不想从它旁边走，等小狗过来，妈妈就把你抱起来”。

合理简单地解释恐惧现象

父母经常给孩子讲一些生活常识是帮助孩子克服恐惧的最有效方法。只要孩子明白其中的道理，心境自然平和。比如，孩子害怕雷电，是因为不知道雷电是怎么回事。如果父母能把关于雷电的知识教给孩子，让孩子明白雷电只是一种自然现象，打雷的时候应注意些什么，孩子就会慢慢地了解雷电，从而消除恐惧心理。

和孩子一起解决问题

如果孩子怕黑，父母可以在他的房间里放一盏灯，也可以试试用其他方法来消除他对黑暗的恐惧，例如指定一个卫兵（用一个孩子喜欢的毛绒玩具）等。

阅读相关的绘本故事

父母不妨利用一些优秀的绘本故事为孩子树立勇敢的榜样，如《我的壁橱里有个噩梦》《黑夜不用怕》等绘本，对孩子克服对黑夜的恐惧极有帮助。

给孩子充分的安全感

一句安慰、一个拥抱、一个吻，都是缓解孩子恐惧心理最好的良药。当孩子感到恐惧时，说明此刻的他极度缺乏安全感，而父母及时地安慰和呵护可以降低孩子恐惧的程度。亲子之间这种亲密无间的关系，可以帮助孩子建立安全感，使他的内心充满爱和快乐。

当爸爸妈妈不在孩子身边时，可以为孩子寻找一个他熟悉的安慰物，利用孩子喜欢的东西来安抚他的情绪，这些物品可以让焦虑的宝贝安定下来。有些孩子会从那些玩旧了的玩具或一直盖的小毯子中获得很大的安慰。

这些东西能给焦虑的孩子持续的安全感，特别是在过渡时期，比如把孩子送到幼儿园或晚上让他独自睡觉的时候。这些“喜欢的东西”还可以让一些孩子更有勇气去做那些可能会让他们觉得可怕的事，比如见陌生人、去幼儿园或看医生，所以要允许你的孩子黏着他的特殊玩具或毯子。

父母还应学会听懂孩子说话的弦外之音，以便了解孩子到底怕什么。如果孩子的恐惧处于正常范围，父母不必过于担心；如果父母对孩子的恐惧表现出过分的焦虑，很可能使他们的恐惧感被强化，日后不易消失。

心理抚养课堂

导致孩子过度恐惧的因素有哪些？

孩子过度恐惧往往与下列因素有关：性格类型敏感，倾向于对视觉形象不好的东西都害怕；可怕的经历，如曾经被“关黑屋”；遭遇他人恫吓；可怕的视觉刺激，如观看恐怖电影、目睹恐怖事件；等等。

孩子异常恐惧一般有什么样的表现？

孩子异常恐惧时，会出现呼吸急促、胸闷、心慌、出汗、面色改变、肢体颤抖等。

学会共情，安慰孩子的悲伤心理

凌凌因为和最好的朋友发生争执，关系降到冰点。现在凌凌每天一放学就把自己关在房间里面，整天郁郁寡欢。同时，老师也反映凌凌上课注意力不集中，总发呆，成绩也在下滑。凌凌妈妈安慰凌凌说："别难过了，你现在还这么小，以后还会有更多的朋友，一切都会好起来的。"她还带凌凌出去散心，但是却没什么效果。

孩子在成长过程中会遇到大大小小的挫折，如受委屈、生病、被惊吓、学习成绩不如小伙伴、和好朋友闹矛盾，等等。此时，孩子非常希望能得到父母的同情与安慰。父母应及时满足孩子情感上的需要，但是安慰不是说几句好听的话就可以，还需要有一定的技巧。有的时候，不恰当的安慰不仅不能鼓励孩子，还可能给孩子增加负担，起到相反的效果。

孩子情绪低落时如何安慰

当孩子情绪低落时，父母可以试着静下心来听孩子诉说，让他们发泄自己内心的消极情绪，可能发泄完了，自己也冷静了，等孩子冷静之后，父母再去开导孩子，针对孩子提出的问题帮助孩子，宽慰孩子。要让孩子知道，每个人都会有情绪，只要不做情绪的奴隶，看到生活积极阳光的一面，这些黑暗就都只是暂时的。

在孩子情绪崩溃的情况下，父母的一个拥抱足以替代全部的语言表达，孩子在父母的相拥里可以感受到来自父母的爱，一个相拥可以温暖孩子崩溃的心理，一个无言的相拥可以告知孩子，父母了解你也在乎你，会用爱的光芒去协助你摆脱低落的情绪，助你返回开心的状态。要用父母的爱去融化孩子心理的忧伤。

孩子悲伤时父母要说的话

当孩子悲伤时，父母一些流于表面的、敷衍的“安慰”，例如“别担心”“振作起来”“你什么都有了”“一切都会好起来的”之类话语，并不会起到任何作用，反而会让孩子觉得“你根本就不懂”，从而产生逆反情绪。

父母应该先保持平静，语调轻柔地尝试一下这 9 句话：

1.“爸爸妈妈就在你身边，我们会帮助你。”

即使孩子说他不想要帮助，他也希望感觉到，当需要你时，你会站在身后支持他。

2.“妈妈知道，这个事情对你来说很难。”

这句话很简单，但可以让孩子体会到，爸爸妈妈是关注他的。这能增强孩子的安全感，给他带去力量。

3.“妈妈知道你很难过。”

你可以去强化“我们每个人都有情绪”这个观点，让孩子学会直面自己的情绪是非常重要的。

4.“这件事真的很让人伤心。”

承认导致孩子哭泣的事件有助于他们看到是什么触发了他们的情绪，并弄明白下一步该做什么。

5.“让我们休息一下。”

把你和孩子从悲伤的情绪中抽离出来。孩子可能已经很累了，他们有时只是需要在安静、舒缓的地方休息一下，然后就能重新振作了。

6.“宝宝，爸爸妈妈爱你。你很安全。”

这句话能让孩子感受到，他和你们是紧密相连的。他可能需要拥抱，或握住你的手，来感受到你确实在那里的那种安全感。

7.“你想要我们帮你一起再试一次吗？”

当你的孩子因为挫折、沮丧而哭泣时，一方面他们需要摆脱这种情绪；另一方面，往往也需要在有父母协助的情况下，再次尝试完成刚才没有完成的事。多问问孩子想要获得怎样的帮助，让他们感受到自己在被重视。

8.“妈妈听到你在哭，但妈妈不理解为什么，你能告诉妈妈吗？”

也许你的孩子还不能很好地表达自己为什么哭，但至少这是一个练习的机会。你可以通过他们的动作和姿态来判断一下他们的意思，或者直接引导他们说出来。

9.“来，我们一起来完成，一起想办法！”

父母应该帮助孩子去思考，到底在已发生的事情里，哪一步产生了问题，一方面缓解情绪，另一方面也能教他们从不同角度看待事情，并找到比较合适的办法。

每一个心情悲伤的孩子，都是在呼唤父母的爱和帮助。请不要推开孩子，把爱和温暖同时给孩子，引导孩子更好地成长。

孩子的每一次哭泣，都是一次心灵的成长。父母用爱去回应孩子，孩子也会用爱去回应这个世界。

心理抚养课堂

孩子因为悲伤而哭泣时，是否应该让他不要哭？

从心理学的角度来看，哭并非没有好处，还可能是消除悲伤的好方法。相反，如果孩子的悲伤情绪被抑制，则可能会导致心理问题。

孩子情绪低落时，让他一个人待在房间里好吗？

人在情绪低落时，往往希望一个人静静地待在一个地方反思和消化自己的情绪。这个时候，父母不要上前反复唠叨，要相信孩子有调节情绪的能力，不妨就让孩子一个人待在屋里平复心情，待他情绪好转时，再进行询问和引导。

培养耐心，帮助孩子摆脱急躁心理

小仓是个急性子，复习功课的时候，总是急急忙忙地翻翻这本书又看看那本书，然后每次都感叹一声“哎呀，什么时候才能看完呀”。有一次，在做数学题的时候，小仓急急忙忙拿来就做，也没有验算，做到中间发现错了，就着急地用橡皮来擦，可是因为太用力了，几下就把本子擦破了，只好撕掉，重新来，可是越急越出乱，结果那次作业写到晚上10点钟才算写完，还错误百出。

故事中的小仓十分急躁，这给他的生活带来了负面影响。急躁是一种不良情绪，会使人心神不宁，经常在惴惴不安中生活，因为急躁是神经系统的一种兴奋和冲动，急躁的人无论学习还是工作，往往不经认真思考、周密安排就很快进入兴奋和冲动的状态，结果很难达到预期目标。

急躁的人容易灰心，在急于求成的情绪支配下，急躁的人一旦遭到挫折，往往不能冷静客观地分析原因，而是带着更加急躁的情绪，赌气般以更大蛮劲去对待困难，胡乱地甚至近乎疯狂地向困难猛攻，如果仍然不能奏效，很快就会像泄了气的皮球，灰心了、退却了，丧失了同困难作斗争的勇气。

急躁的人容易发怒，在现实生活中我们可以看到，爱发脾气的人通常都是性子很急的人。

急躁的人如果碰到令人生气的事，很少能够冷静和克制，往往是大发雷霆，做出一些伤人害己的事情来。

急躁的人主要是缺乏耐心。俗话说："心急吃不了热豆腐。"这正说明耐心是成功的关键因素之一。在心理学上，耐心属于意志品质的一个方面，即耐力。它与意志品质的其他方面，如主动性、自制力、心理承受力等有一定的关系。

耐心被认为是一个人心理素质优劣、心理健康与否的衡量标准之一，也是孩子未来成功与否的关键因素之一。培养孩子的耐心不仅对孩子在学习上有帮助，而且对他今后的人生道路也有很大的影响。但是，孩子毕竟是孩子，许多孩子都不够有耐心。只要想到了或者听到了什么，他们便要求立刻兑现，否则便不停地纠缠、吵闹，直到父母满足他们的要求为止。

这其实并不奇怪，因为孩子的耐心并不是与生俱来的，而是需要后天培养的。当孩子不停地用哭闹强迫父母满足他们的要求时，父母要沉得住气，一定要注意对孩子进行耐心训练。只有父母付出耐心，才会培养出孩子的耐心。

父母要做好榜样

许多孩子没有耐心，是因为父母自己做事也是虎头蛇尾。所以，要想让孩子有耐心，父母首先要有耐心地去做每一件事。

比如，晚上父母可以跟孩子一起学习。当孩子不断地起身、坐下时，做父母的要坚持看书，孩子见父母能够耐心地看书，也能受到一些感染。

另外，父母在要求孩子做一件事之前，要先跟孩子约好这件事必须耐心地做完；如果没有完成，不仅需要补上没做完的，而且得再增加时间来处理相关的事。这样，孩子就能有计划地去做事，也能在一定时间内耐心地把事做完。

延迟满足，让孩子学会等待

著名心理学家瓦特·米歇尔做过一个实验。老师分发给一群 4 岁左右的孩子每人一粒软糖，并对他们说：“你们可以随时吃掉软糖，这样做只能吃你们手中的那一粒；而如果你们能坚持到我回来再吃，就会再得到一粒软糖。”

面对软糖的诱惑，有的孩子按捺不住想吃的冲动，几乎在老师走出教室的一瞬间就把软糖吃掉了；有的孩子则熬过了“漫长”的等待时间，等到老师回来，这些孩子就得到了两粒软糖。

之后，米歇尔团队对这些孩子进行了跟踪研究，一直到他们高中毕业，最后发现：那些禁不住诱惑的孩子在青少年时期控制力比较差，抗挫能力弱，在压力面前常常不知所措，缺乏耐心；而那些能为多得到一块软糖而等待的孩子则有较强的耐心，能更好地应付挫折和压力，并能为更远的目标而舍弃当前的利益。

延迟满足不是单纯的时间上的推迟，比如，孩子哭着闹着要一个玩具，父母不想买，于是就说“下次给你买”，结果孩子还是哭哭啼啼，事情根本得不到解决。

延迟满足应该是附带鼓励的时间推迟：“现在不能玩手机，等到休息的时候你可以多玩一会儿。”“你的玩具够多了，等到你生日的时候妈妈给你买你喜欢的变形金刚。”

这样不仅能让孩子学会忍耐，还会给孩子学习的动力。在对孩子延迟满足时，需要注意的是：对于不能满足的事，一定不要哄骗孩子。

我们经常在商场里看到这样的情形：孩子哭着要买玩具，父母说：“咱们今天带的钱少，等下次再来买。”其实根本没有下一次。

这样，“延迟满足”就变成了欺骗，不仅会破坏父母与孩子之间的信任感，还会影响孩子自控力的养成。

从身边的小事开始培养

在日常生活中，任何小事都可以用来培养孩子的耐心。如洗碗、擦桌子、收拾房间等。刚开始，孩子会漫不经心地边做边想玩，这时父母可以站在一边督促孩子，让孩子用心去做，直到他把碗洗干净、桌子擦干净、房间收拾整齐。父母要让孩子明白，任何事都要耐心去完成。

在经历过小事的锻炼后，父母应该再有意识地给孩子设置点障碍，为孩子提供一些克服困难的机会。因为耐心是坚强意志磨炼出来的，越是在困难的环境中，越能锻炼孩子的耐心。这时，父母要鼓励孩子做事不半途而废。孩子经过努力完成一件事时，父母应当及时给予表扬，强化孩子耐心做事的好习惯。

心理抚养课堂

哪些游戏可以用来培养孩子的耐心？

和单独自己玩游戏相比，多玩一些团体游戏可以使孩子养成遵守规则的习惯，在等待游戏的过程中，就锻炼了孩子的耐心。

为什么说在溺爱中长大的孩子缺乏耐心？

有些父母在孩子遇到困难的时候就开始心疼，索性帮孩子解决这些困难，这种行为会让孩子滋生一种依赖心理，导致孩子浮躁，缺乏面对困难的耐心。

积极阳光，让孩子成为“乐天派”

有个小男孩头戴棒球帽，手拿球棒与棒球，全副武装地走到自家后院。“我是世上最伟大的击球手。”他满怀自信地说完后，便将球往空中一扔，然后用力挥棒，却没打中。他毫不气馁，继续将球拾起，又往空中一扔，然后大喊一声：“我是最厉害的击球手。”他再次挥棒，可仍然落空。“哇！”他突然跳了起来，“看来我是一流的投手！”

乐观的孩子有勇气面对生活中的一切，拥有强大的心理承受能力。有了乐观的心态，面对顺境，孩子能戒骄戒躁；面对逆境，孩子也能从容应对。少年儿童正处于身体和心理的发育时期，在这个时候，父母应格外重视培养孩子乐观向上的人格、豁达宽广的心胸和积极的人生态度。

乐观教育是潜移默化的，比如：如果这会儿下雨了，就要引导孩子说“下雨了”，而不要说“该死的天，又下雨了”，因为这样说并不能改变下雨的事实。当然，就算说“太好了，又下雨了”，也不能使雨发生任何改变，可是如果把这种话说给孩子听，情况就大不一样。“瞧，太好了，又下雨了！小鸟在歌唱，小草也在歌唱，它们都得到了雨的滋润。”这样就会把快乐传递给孩子，让孩子无论面对何种环境，都能保持一种愉悦的心情。

让孩子感受到父母的支持

尊重孩子，是对孩子表示支持的最好方式。父母在听孩子说话时要耐心、不急躁，无论孩子说什么都要表现出兴趣，切忌责骂或讽刺挖苦。

孩子不小心打碎了杯子，父母不要对孩子说：“你真笨，这点小事都做不好。”这会损害孩子对自身价值的承认以及对父母的信任。父母不妨换一种口气说：“没有关系，以后多注意点。”

做父母，就是要用一颗纯净的心去理解孩子，爱护孩子。

带给孩子乐观的情绪

孩子是父母的一面镜子，父母的个性、言行等往往会在孩子身上反映出来。整日唉声叹气的父母通常会培养出悲观消极的孩子；乐观的父母往往会培养出乐观积极的孩子。所以说，孩子的乐观心态首先源自父母和家庭，培养孩子乐观的心态，首先要从父母自身做起。

有一个活泼可爱的小女孩，她尽管长着一脸雀斑，却没有丝毫的不快。她开朗而乐观，无论什么时候看到她，都能见到她满脸的笑容。她的父母也是一样，那种微笑似乎是他们永远不变的表情。

这一天，小女孩特别兴奋，因为她要去参加好朋友的生日宴会。

她早早地穿上漂亮的牛仔靴、黑色的牛仔裤，这些都是妈妈刚给她买的。她又戴上爸爸送给她的牛仔帽，简直帅极了。最让她激动的是，她要骑一匹真正的小马去参加宴会。

然而，天公不作美，突然狂风大作，大雨倾盆。她只好静候在窗前，等待暴雨结束。这时，妈妈走了过来，告诉她由于天气，宴会取消了。她一下子没了笑容，眼泪在眼里打转。妈妈也很难过，不过妈妈微笑着说："宝贝，虽然不能参加生日宴会，但我们今天可以在屋里子做'寻找公主'的游戏。"

听到妈妈的话，小女孩随即高兴起来，说道："我敢打赌，下个星期六一定是个骑马的好日子，到那时，我要骑马去玩儿。"

让孩子拥有乐观人生态度的根本途径，是父母用自身的乐观态度去感染他们。父母难免会在自己的工作或生活中遇到一些困难，父母面对困境的态度和方法会直接影响孩子的做法。如果父母遇到困难、挫折或失败的时候能表现出自信、乐观、向上的状态，孩子就会受到积极的影响，在遇到困难时也会乐观面对。如果事实是无法改变的，就要给孩子一个感觉不一样的陈述。

在与孩子相处时，父母应尽可能地让自己快乐起来，乐观起来，为孩子做好表率。即使你面临失业、疾病，或诸如此类的困难，也要保持乐观的态度，因为你的情绪将直接影响孩子。父母不仅要尽量在孩子面前表现出乐观的态度，营造快乐的气氛，更重要的是要真正有一颗乐观的心，让孩子在潜移默化中逐步形成乐观的心态。

让孩子学会寻找快乐

当我们把孩子的日程安排得过满，他慌慌张张地处理完计划清单上的事，然后筋疲力尽地倒在床上时，是没有快乐可言的。所以，在家庭教育中要把快乐放在重中之重的位置，甚至不妨把“孩子，你要快乐”这句话写在一张纸上，把纸贴在孩子的书桌上。这样，孩子每天早上都能看见它，它会提醒孩子珍惜生活中所有能带给他快乐的东西。还要告诉孩子，快乐就隐藏在生活的细微琐事当中。如果不仔细审视，它就会消失得无影无踪。但只要留意，快乐就不会离你而去。

利用小伙伴的影响力

父母要懂得：孩子的成绩能被小伙伴承认，会增强孩子的自尊心，对培养乐观心态非常有好处。然然8岁，上小学三年级，文化课十分出色，但体育课却不及格。健健的体育课特别好，但文化课却是中等。然然的母亲让她向健健学习体育，然然说：“健健文化课不好，我不喜欢他。”母亲说：“他教你体育，你帮助他学文化课，你们正好可以取长补短。”然然同意了母亲的说法，几个月后，她在体育课上取得了好成绩。

这种影响力的诀窍在于，利用孩子的攀比心理来激发他们积极向上，并乐观地弥补自己的不足。

父母应该经常把自己如何交友、如何赢得朋友的尊重、如何保持友谊等重要的经验告诉孩子，设法扩大孩子的活动范围，鼓励他们多向别人学习。

孩子对新伙伴的个性很敏感，父母要多引导他们全面地分析新伙伴的优缺点，让他们以积极乐观的态度去处理人际关系。

心理抚养课堂

为什么过于追求完美的父母容易导致孩子悲观？

这样的父母容易苛求孩子，要求孩子去完成他无法胜任的任务，从而导致孩子内心的焦虑感和愧疚感，进而让孩子陷入悲观情绪之中。

如何发现孩子悲观情绪的苗头？

当孩子出现遇到困难就退缩、学习和生活缺乏主动性、做事有头无尾等情况时，父母要注意观察孩子是否已经陷入悲观情绪。

鼓励引导，让孩子不再内向害羞

吕静是个聪明好学的女孩，最大的问题是“害羞”。她上课时几乎从不举手发言，也不喜欢参加学校的集体活动。平时说话的声音小得像蚊子叫，让人根本听不清她在说些什么；课间休息的时候也很少见她和同学一起“疯”，总是静静地坐在那里看课外书，或者干脆坐在那里发呆。

像吕静一样，很多孩子都有害羞的特点，多数人“有点害羞”并不妨碍他们的发展和生活。一般来说，随着孩子对人、环境的熟悉,害羞的感觉会有所消退。如果没有其他问题的出现，害羞的孩子也不太会产生危险的心理和行为问题。因此，对于那些程度不特别严重，只在较短一段时间内存在“害羞”行为的孩子,父母没有必要过于担忧。如果孩子的“害羞”相当严重，而且既不是只在某些特殊情境，也不是只在一个较短的时期内出现，那么就有一定的危害性。

导致孩子害羞内向的因素

发展因素

在成长的某些特殊阶段，孩子会特别容易害羞。

婴幼儿阶段，孩子对父母有强烈的依恋，对陌生的成人有种“害怕性”的害羞。这个时期的孩子往往会害怕见到陌生人。

学龄前阶段，孩子自我意识的发展会使得他们容易出现“自我意识性害羞”。因为自我意识的发展增强了他们的社会敏感性，使他们觉得自己总处于别人注意的中心。

青少年阶段，孩子会出现迫切想表现自我，同时又害怕别人注意的矛盾心理，这种矛盾心理会促使其时刻都感到“害羞”。

缺乏社交锻炼

害羞的孩子往往缺乏社交技巧。与那些个性孤僻的孩子不同，害羞的孩子内心其实也渴望能和同伴交往，只是他们不得其门而入，因为他们缺少社交经验。

自卑

有些孩子感到自己在相貌、才能、社交技巧等方面不如别人，因而产生逃避和自我保护心理，并以“害羞”的行为方式表现出来。同时，一些孩子也会因为自己的“害羞”而变得更加自卑，这样就陷入了恶性循环之中。

帮助孩子克服害羞问题

别焦虑，允许孩子慢慢来

其实，内向的孩子并非不善社交，只是他们比较慢热，而父母比较着急，所以总是孩子还没完全热起来，父母就已经着急着把孩子推出去，“一起玩吧，和小朋友玩去吧”。

内向的孩子因为慢热还没有适应，内心的安全感还是缺失的状态，所以他们根本不愿意花费精力去社交，只想躲回自己的小世界。被父母推出去的次数多了，孩子会越来越厌恶社交，甚至演变成社恐。

所以如果孩子内向慢热，父母不要焦虑，要多给他们点时间，让他们好好适应，允许他们按照自己的节奏走。比如带孩子出去玩，父母想让孩子参与小朋友们的游戏，不要一直催着孩子赶紧加入，而要尊重他的节奏。

孩子愿意观察多久才加入，就允许他观察多久，就算最后孩子一直在观察没有加入，父母也别因此责备孩子，要鼓励他下次勇敢加入。

帮助孩子显示自己的才干

孩子害羞还可能缘于对失败的害怕，而“拿手戏”容易产生成功的体验，特殊的才能可以增强孩子的自信。父母可以根据孩子的兴趣爱好来培养孩子的一些特长，同时给孩子提供一些展示特长的机会。

现身说法

父母应该让孩子确信，很多人在新的情境下都会对自己的行为没有把握。

害羞的人总是认为，在一些场合，他是唯一心跳加快的人，或者除自己以外，其余所有人都知道如何与陌生人交往。如果害羞的孩子知道每个人都有害羞的时候，就能感到宽慰一些。如果有一个人能够“现身说法”，能向孩子示范他是如何消除自己的紧张和羞怯的，孩子的收获就会更多。

培养孩子的社交技能

与受到同伴拒绝的孩子不同，害羞孩子的社交问题不在于“维持友谊”，而在于“发起友谊”。他们往往是在面对新人或者新环境时，不能或者不愿意跨出第一步。

因此，可以教给他们一些“开始”交往的技巧。例如，训练孩子在见到熟人时，能第一个微笑并问候“你好”；教会孩子一些“开场白”，如“我可以和你们一起玩吗”。

害羞的人在与他人交往时，总是专注于自我，心中不停地考虑自己会给别人留下什么印象，别人会怎么看他，他会完全沉浸在自己的不舒适的感觉里。

这就要训练害羞的孩子在与人交谈时，学会倾听别人的说话，观察别人的表情，体会别人的情感体验，等等。总之，要让孩子在交往过程中将注意的焦点从“自我”转移到“他人”，或者是“事情”上。

心理抚养课堂

当内向的孩子第一次鼓起勇气向别人打招呼时，你该怎么说？

父母一定要多鼓励他们，最好是和他们聊聊心路历程，比如问问他们：“当你鼓起勇气和别人打招呼时，你心里在想什么？”

父母可以从哪些方面给孩子提供交往的机会？

父母可以从兴趣班、定期的家族聚会、社区的活动等方面入手，引导孩子循序渐进地与他人交往。

减轻压力，帮孩子释放心中的紧张

张杨学笛子已经有一年多了，班主任张老师让他在元旦晚会上表演吹笛子。元旦晚会那天，轮到张杨上台了，张杨却一把抓住妈妈的手说：“我不上了，紧张。”张老师和妈妈都赶紧安慰他，总算把他劝上了台，只听他原来吹得熟练的曲子还是被紧张给吓跑了调。不过台下的小观众还是报以热烈的掌声。可是，下了台的张杨却低声地哭了。

张杨的表现主要是由他心理过度紧张造成的。

心理学家认为，如果一个人的情绪过于紧张，就会使本来敏捷的思维变得迟钝起来，从而大大削弱对问题的分析、判断及处理能力；还会使注意力的集中和转移发生困难，往往出现不该出现的错误。

我们经常会见到这样一些孩子，像上述的张杨一样，本来已经很熟悉某件事，但就是由于过度紧张，结果影响了正常的处理能力和水平发挥。

为什么孩子容易紧张

缺乏自信心

当孩子对所要发生的事情一无所知时，他们容易感到焦虑，而这种焦虑的根源是孩子自信心不足。

就比如我们大人对某个事态发展把握不大时，心里也会忐忑，只是小朋友不懂得告诉我们他很忐忑，更不懂得如何去表达内心的焦虑和不自信，负面的情绪不断积累，就好像一个坏果子慢慢腐烂一样，到最后所有的坏情绪就通过身体的各类症状表达出来，比如头痛、失眠、肚子痛。有的孩子甚至一到紧张的时候就要频频上厕所。

锻炼机会过少

有些性格比较内向的孩子，平时做事都是小心翼翼，害怕犯错误，在大庭广众之下，说话的机会更少。即使老师叫他站起来回答问题，他都可能会紧张得满脸通红。由于缺少锻炼机会，一旦需要上台表演或参与其他活动时，肯定会担心表现不好，被人嘲笑等，紧张情绪就更严重了。

缺少一定的关爱

紧张常与胆小相伴，被紧张情绪困扰的孩子，往往遇事不主动，不善于表现自我。而老师在进行班级授课时，因为教学任务比较重，也常常会遗忘掉这些紧张的孩子，因为他们的发言会语无伦次，很浪费时间，耽误老师的正常授课，所以老师不太注意他们。而在一些集体活动中，他们同样是畏首畏尾，躲在不起眼的角落，同学也不乐于和他们共处，这就更加剧了他们在交往中的紧张心理。

而在家里呢，父母会因为孩子比较胆小，不放心他一个人做事，不给孩子锻炼的机会，即使孩子能做的事也不让他来做，或者当孩子做不好时，父母给予孩子的不是鼓励，而是批评或训斥，这就会让孩子失去主动做事的信心，觉得自己就是不行，做什么都做不好。久而久之，孩子便畏畏缩缩，胆小怕事，一旦遇到必须由他自己来做的事时，他就会因害怕做不好而紧张不已。

如何帮孩子消除紧张

生活上的紧张是谁也无法避免的。当孩子做错了事，害怕老师或父母批评而忐忑不安时；当考试临近，面对许多功课要复习时；当遇到难题而又迫切想把它解出来时，孩子们都会产生一个共同的感觉：紧张。那么，当孩子感觉紧张时，该怎样帮助他们呢?

别吝惜你关爱的目光

心理紧张的孩子，在学校里大多都惧怕老师，不敢和老师正面接触，当然更怕做错事遭到老师的批评。于是他们常常选择沉默和逃避，不愿意跟老师进行交流，更谈不上师生交往融洽了。

对于这种现象，当然需要老师多给这样的孩子一些关爱的目光。而作为父母，也要多鼓励孩子，多给予孩子一些关爱和鼓舞的眼神，从而减轻其自身压力，帮助孩子从紧张的情绪中解脱出来。

让孩子多参加几个“第一次”

任何人第一次做某件事，都可能会感到紧张和不安，甚至包括那些在电影电视镜头前表演自如的演员，也会有紧张的时候，这是很自然的事。

而孩子的承受能力比较差，在第一次做某件事的时候，更容易感到紧张和焦虑。因此，父母应该鼓励孩子，不必为自己在第一次做一件事时紧张而感到羞愧，而应该勇敢地面对它，并设法克服它，教会孩子放松些，勇敢地面对困难，没有什么事是值得那么紧张的。

教孩子一些克服紧张的方法

除了以上介绍的几种帮助孩子消除紧张的方法外，父母还可以教孩子一些消除紧张情绪的小窍门，让孩子慢慢放松下来。

（1）注意力转移法

当孩子遇到难题解不出来时，你不妨告诉孩子先把它放一放，先不去想，休息一会儿再想或放到第二天再想。又如，孩子准备上台演出时，总是紧张得手足无措。这时，你可以引导孩子谈论或做一些别的不相干的事，使孩子不再将注意力放在演出上，紧张情绪自然就克服了。

（2）深呼吸

当孩子遇事感到紧张时，可以和孩子一起做几次深呼吸，让情绪慢慢放松下来，缓解紧张情绪。

（3）参加体育锻炼和户外活动

体育锻炼或户外运动可以加速血液循环，减轻心理压力，驱散紧张的情绪。不少孩子经常参加踢球、骑车、游泳等活动，这些活动不仅能消除孩子紧张焦躁的情绪，而且能锻炼孩子在遇到突发事件时保持镇静的能力。

心理抚养课堂

当孩子临近大考或某次重要演出时，你会如何对孩子说？

父母要尽量减少对孩子的要求，不要谈论分数或名次，要让孩子感觉到，不管他是否能取得好成绩，父母都会同样爱他。

孩子犯错后，父母怎样做能减少他的紧张情绪？

父母在孩子犯了错误后，不要太紧张。因为当孩子看到父母很紧张的样子时，他们会认为自己犯了很严重的、不可饶恕的错误，从而会变得更加紧张起来。而父母温和的语言，则会滋养孩子的大脑发育，让孩子减少紧张感，从而更加放松自己。

调整心态，帮助孩子战胜嫉妒心

黄蕾和小奇原本是一对很好的朋友，整天形影不离。但最近黄蕾的妈妈发现，女儿对小奇好像有些反感，不但不在一起玩，连小奇的名字也不提了。一家人边吃饭边看电视，教育频道里的电视主持人正在介绍全市小学生演讲比赛，其中小奇获得了第一名。忽然，黄蕾一撇嘴，一脸的不服气：“这有什么了不起的。”说完，站起来伸手就拿遥控器换台。

原来，黄蕾是因为小奇获得了演讲比赛的第一名而嫉妒小奇，不愿与小奇交往。

科学研究证明，孩子在婴儿时期就已经有了嫉妒的情绪。比如七八个月的孩子，当看到妈妈抱别家孩子时，会“啊啊啊”地叫，非要让妈妈放下别人抱自己才行。

等孩子再大一些，他们有了竞争的意识，嫉妒的行为也会得到进一步的发展，比如两个孩子玩积木，一个搭建得又快又好，另一个怎么也搭不好，特别着急，索性把积木全部推倒……

嫉妒对孩子来说，是一种非常自然的情感。5 岁前的孩子处于自我中心阶段，他们的思维方式都是以自我为中心的，情绪反应强烈，自控能力差，还不能理性思考，所以他们总是根据外界事物对自己的利弊，做出直接的情绪反应，比如希望独

自占据父母和老师的宠爱，希望总是获得成功、获得表扬，等等。他们不能分析这种希望是否客观合理，也不会进行自我调节，一旦达不到这个希望，就会沮丧、不安、烦躁，还会对达到这个希望的孩子产生不服气、排斥甚至敌视的心理。

而八九岁的孩子，虽然不再以自我为中心，在判断行为时，不只是考虑行为的后果，还会考虑行为的动机；能够较高地评价自己的观点和能力，现实地判断他人，但是这种嫉妒心仍然会存在，只是相对小孩子来说，他们能够较好地控制自己的嫉妒情绪，一般不会再随时随地地嫉妒他人或产生一些嫉妒的行为。

这些因素，会让孩子的嫉妒心变强

正常来说，孩子的嫉妒心会随着年龄增长得到很好的控制，一般不会再出现一些严重的嫉妒行为，但是外在因素对他们的影响非常大，很可能会让孩子的嫉妒心持续增强，进而影响孩子的身心健康。

父母不当的评价

生活中，总是有很多父母喜欢用结果评价孩子，比如考试，总是以分数论英雄，只要孩子没有考第一、没有考满分，就是糟糕的，然后各种语言刺激，嫌弃孩子。时不时还会把孩子跟别人家的孩子作对比。

父母拿孩子的短处跟别人的长处比较，久而久之，孩子就会有一种“原来我这么糟糕”“我什么都不如别人”的感觉，进而产生一系列不安、自卑甚至怨恨的情绪。

孩子缺乏安全感

所有孩子都会不停地向父母确认他是被爱的，在父母心里他是最重要的。这也是为什么当父母夸奖别人时，孩子会嫉妒，因为这是他本能的危机感。

诺贝尔文学奖获得者、美国作家约翰·斯坦贝克曾说：

孩子最大的恐惧是没人爱、被遗弃，这是他们最害怕的地狱。

只是很可惜，很多父母不明白这个道理，他们总喜欢打着为孩子好的旗帜，对孩子进行打压刺激，比如考试，如果孩子得了第一，父母就会很开心，各种夸奖各种奖励，一家人都特别高兴；但是一旦孩子没有得第一，即使只比第一名少了 2 分，父母也会非常失望，对孩子冷嘲热讽，或者视而不见，转身去赞赏别的孩子。

父母的这种行为不仅会让孩子极度缺乏安全感，还会让孩子产生一种错误的认识，认为只有得了第一，才能得到父母的爱，否则就是不被爱的，为此，他们还会对占据第一的那个人产生嫉妒心理。

长辈的过度溺爱

父母对孩子的过度溺爱让他们持有一种“你不能比我好”的心理，当他们进入社交中，发现别人的玩具比自己的多，别人的衣服比自己的漂亮，别人得到的夸奖比自己多以后，就会觉得自己的优越感都被别人给抢走了，继而产生一种嫉妒的心情，甚至做一些不好的事情。

如何正确引导孩子的嫉妒心

正常来说，嫉妒心强的孩子往往自尊心和虚荣心也很强，如果父母能够利用孩子的自尊心和虚荣心，激励孩子的竞争意识，促使孩子积极努力，嫉妒心很可能会变成一种积极因素，成为孩子积极向上的原动力。

相反，如果父母不能正确利用孩子的嫉妒心，反而做一些增强嫉妒心的事，那么这种嫉妒心很可能会变成一种消极因素，让孩子变得心胸狭窄，自私自利，甚至变成一种仇恨，促使孩子做出一些极端的事情，让孩子陷入痛苦的深渊。

因此，面对孩子的嫉妒心理，父母千万不要听之任之、放任不管，而应该对孩子进行正确的引导和教育，帮助孩子从嫉妒的深渊中走出来。

帮助孩子提高自我认知能力

帮助孩子提高自我认知能力，发展孩子的内省智能，是克服嫉妒心理的基本途径之一。有些父母一旦发现孩子嫉妒心强，就很生气，故意在他面前说："××比你强多了，你应该向他学习。"这样做只能加深孩子的嫉妒心，使他对别人怀有敌意。

正确的做法是，首先应该跟孩子讲清每个人都有长处和不足。如果父母平时能做到这一点，等于是在给孩子的嫉妒心理打预防针。随着孩子认知能力的发展，他会知道每个人的能力都是有限的，他不可能什么都比别人强。

父母也可以先拿自己作例子，然后再帮助孩子冷静、客观、正确地认识自己，分析事情的原委，让孩子倾诉他的内心情感，把嫉妒之火发泄出来，使嫉妒在轻松、愉快的气氛中降温，以至渐渐隐退。这种方式孩子就比较容易接受，嫉妒心的克服也比较有效。孩子如果能学会经常这样去想问题，嫉妒心理就会慢慢打消，而且能够客观地评价自我、评价别人。

让孩子多参加竞赛型游戏

开始，父母可以一边教孩子学习游戏规则，一边和孩子一起玩。然后，试着鼓励孩子跟其他小朋友一起玩。孩子赢了比赛，父母可以在和孩子一起开心的时候，多问问孩子，为什么会赢，一个人会一直赢吗？当孩子输了，父母不要先表现出很难过的样子，应该尽量平静，让孩子明白，比赛中输赢都很正常。输了可以再赢，赢了也可能再输。

培养孩子的自信心

孩子嫉妒心强，可能是不自信导致的。有些孩子总认为自己什么都不如别人，时间久了就会破罐子破摔，不努力进取，反而对努力获得成功的人特别嫉妒。

对此，建议父母培养孩子的自信心，用适当的鼓励和表扬对待孩子。比如孩子虽然跑步没有得第一，但是他对比赛很用心，每天都会坚持练习，父母可以夸奖孩子努力、坚持，以及对待比赛的认真。久而久之，孩子就会形成自信心，在面对别人的成功时，心态也会平和一些，不再轻易嫉妒别人。

心理抚养课堂

嫉妒心过强会对孩子有什么危害？

孩子嫉妒心过强，容易产生焦躁、不安、自卑、自我怀疑等不良情绪，不仅影响学习进步，对身心的成长也极为不利。

为什么说缺乏安全感会导致孩子产生嫉妒心？

孩子的安全感来自父母的注意和赞赏，否则会特别焦躁，对那些被父母夸奖的孩子产生嫉妒。